500 Hidden Secrets

MADRID

EINLEITUNG

Madrid – eine traditionsreiche und geschichtsträchtige Stadt mit viel Kultur und toller Architektur: atemberaubende Paläste und Bauten aus der Zeit der Habsburger, sehenswerte Kirchen und Kathedralen. Aber die Stadt hat auch viel Modernes zu bieten, zum Beispiel wunderbare Restaurants mit Fusionsküche, coole Cafés und trendige Geschäfte, denn Madrid ist auch einer der tollsten Orte zum Shoppen in ganz Europa. Mit diesem Reiseführer können Sie die hippe Seite der Stadt entdecken, seien es After-Work-Bars oder die Flagship-Stores innovativer spanischer Marken.

Wie der Rest des Landes hatte auch Madrid nach der Wirtschaftskrise 2008 einige harte Jahre zu überstehen, hat sich aber erholt und wieder als Wirtschaftsstandort und kulturelles Zentrum etabliert. Die Stadt hat sich dabei auch zum Ziel gesetzt, die Lebensqualität ihrer Einwohner sowie den Umweltschutz und die Nachhaltigkeit zu verbessern.

Die Madrider haben nie ihre Zuversicht und auch in den schlimmsten Momenten der Wirtschaftskrise nicht ihre Lust am geselligen Beisammensein bei einem Bier verloren. Und tatsächlich ist es dieser Optimismus, der die Stadt voranbringt. Dieser Reiseführer soll Besuchern die positive Atmosphäre und Lebensfreude in den verschiedenen Stadtteilen näherbringen: Von Centro bis Retiro, von Salamanca bis Chamberí hat jedes Viertel einen einzigartigen Charakter und viele *Hidden Secrets*, die Ihnen dieses Buch vorstellen möchte.

ÜBER DAS BUCH

Dieser Reiseführer listet 500 wissenswerte Tipps zu Madrid in 100 verschiedenen Kategorien auf. Bei den meisten handelt es sich um Orte, deren Besuch sich lohnt, und praktische Informationen, die Ihnen helfen sollen, sich zurechtzufinden und die Stadt und ihre Bewohner besser kennenzulernen. Dieses Buch soll inspirieren, anstatt die Stadt von A bis Z zu erfassen.

Zu jedem Eintrag sind eine Nummer, die Adresse sowie der jeweilige Stadtbezirk (z. B. Retiro und Salamanca oder Chamberí) angegeben, damit Sie die Orte auf den Karten am Anfang des Buches finden. Suchen Sie nach der Karte des entsprechenden Stadtteils und dann nach der Nummer. Wichtiger Hinweis: Diese Karten sind nicht besonders detailliert und können nur einen groben Überblick geben. Einen genaueren Stadtplan erhalten Sie bei jeder Touristeninformation oder im Hotel. Oder geben Sie die Adresse einfach in Ihr Smartphone ein.

Bitte denken Sie auch daran, dass eine Großstadt wie Madrid sich ständig verändert, dass der hochgelobte Chefkoch vielleicht ausgerechnet bei Ihrem Besuch einen schlechten Tag hat. Oder dass ein in diesem Buch so ausgezeichnet bewertetes Hotel inzwischen unter neuem Management vielleicht seine Qualität einbüßt. Dazu ist die hier vorgestellte Auswahl eine sehr persönliche, mit der Sie nicht immer übereinstimmen werden. Wenn Sie einen Kommentar hinterlassen, eine Bar empfehlen oder Ihren Lieblingsort verraten wollen, besuchen Sie bitte *www.the500hiddensecrets.com* – hier finden Sie auch Tipps und Neuigkeiten zu dieser Buchreihe – oder folgen Sie *@500hiddensecrets* auf Instagram.

DIE AUTORIN

Anna-Carin Nordin ist eine echte Weltbürgerin: Sie hat schwedische Wurzeln, wurde aber in Lausanne in der Schweiz geboren und wuchs auch dort auf. Später zog sie für fünf Jahre nach Barcelona, bevor sie 2010 Madrid für sich entdeckte. Heute lebt sie dort zusammen mit ihrem Mann, einem waschechten Madrilenen, wenn sie sich nicht gerade in ihrem Zweitwohnsitz in Miami in Florida aufhält.

Anna-Carins Berufung ist das Hotel- und Gastgewerbe. Sie ist Gründerin von The Hotel Anthropologist (*www.hotelanthropologist.com*) und unterrichtet Tourism & Hospitality Management an der EADA in Barcelona. Sie ist Mitbegründerin von *www.notable-notebooks.com*, wo sie ihre Leidenschaft für Ästhetik und Design zum Ausdruck bringen kann.

Beim Schreiben dieses Reiseführers verliebte sich Anna-Carin noch einmal ganz von Neuem in die Stadt: in ihre Eleganz, Vielfalt, die beeindruckende Architektur des 19. Jh. und die Boheme-Atmosphäre einiger Stadtteile wie Malasaña. Die lebendige und aufgeschlossene Stadt ist wie geschaffen für die neugierige Autorin, denn Madrid hat in der Tat viel zu bieten für jemanden, der immer auf der Suche nach den neuesten Trends ist.

Anna-Carin möchte sich besonders bei ihrem Mann Jordi bedanken, der sie immer bei all ihren Vorhaben unterstützt und ermutigt.
Wer weiß, vielleicht ergeht es auch Ihnen wie der Autorin und Sie verlieren Ihr Herz an diese großartige Stadt.

MADRID
Übersicht

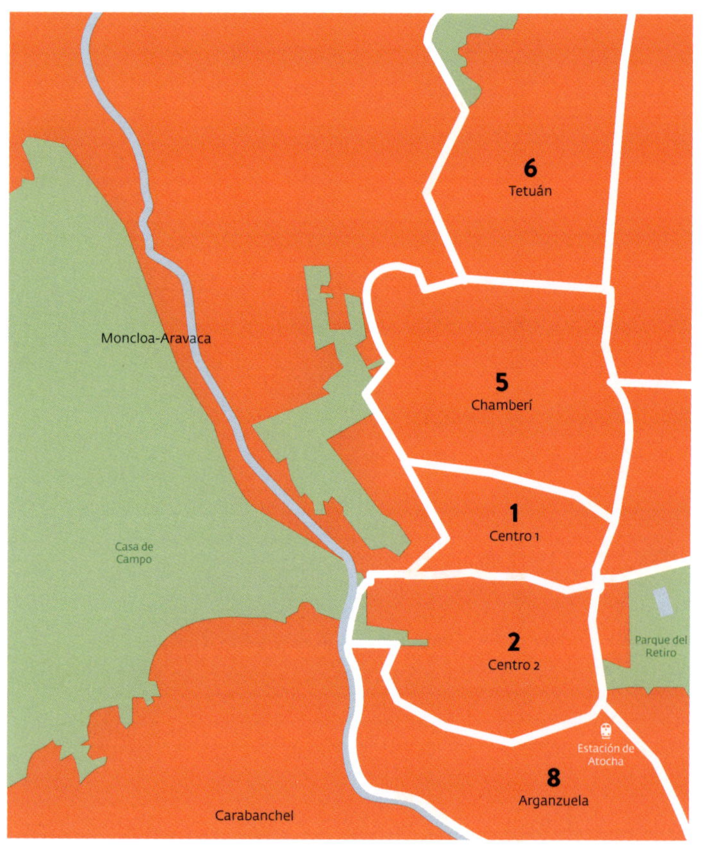

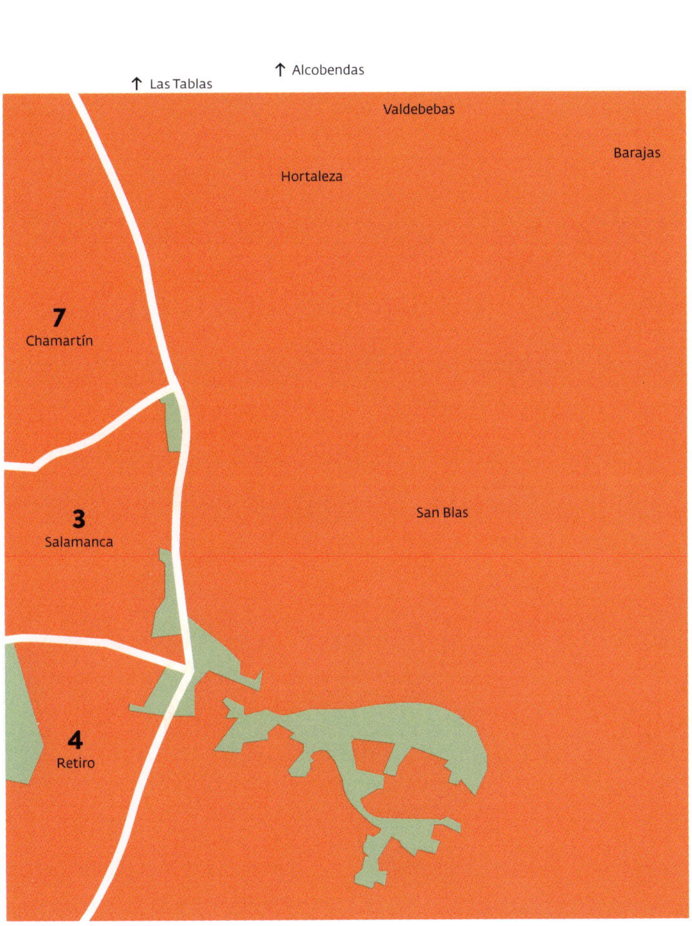
↑ Las Tablas
↑ Alcobendas
Valdebebas
Barajas
Hortaleza
7
Chamartín
3
Salamanca
San Blas
4
Retiro

Karte 1

CENTRO 1

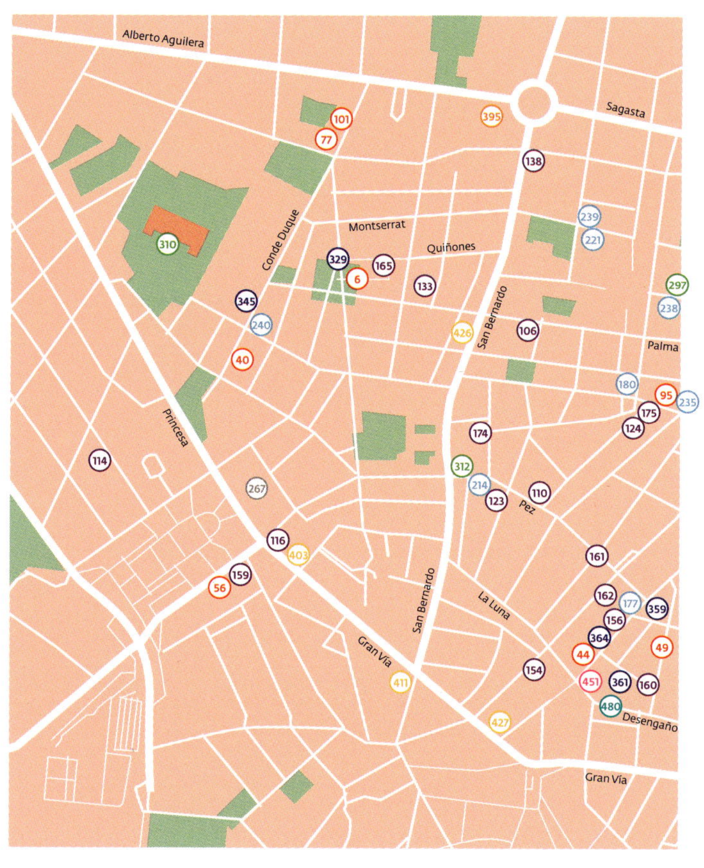

ESSEN – TRINKEN – SHOPPEN – GEBÄUDE – ENTDECKEN – KULTUR – KINDER – SCHLAFEN – WOCHENENDE – QUERBEET

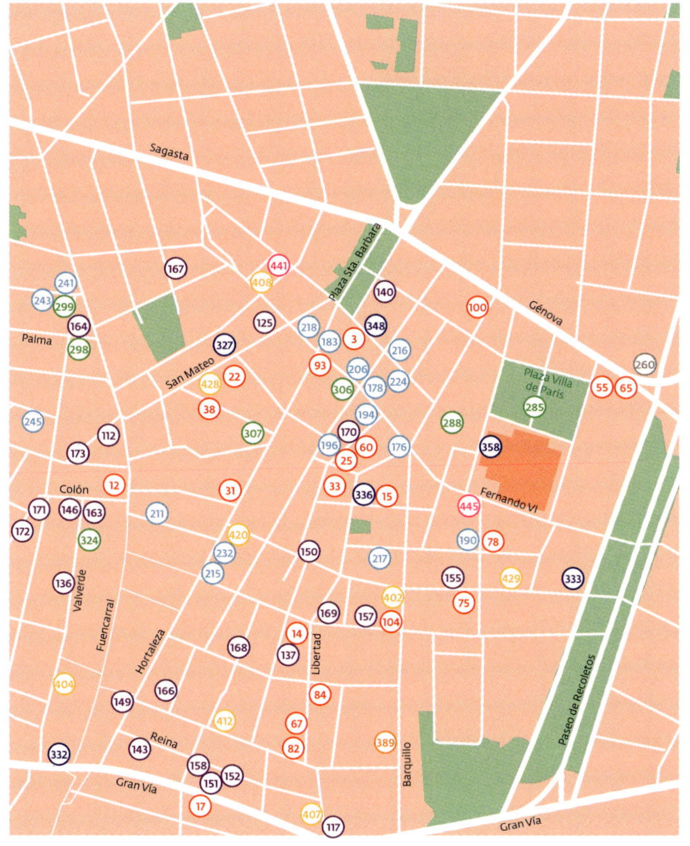

ESSEN – TRINKEN – SHOPPEN – GEBÄUDE – ENTDECKEN – KULTUR – KINDER – SCHLAFEN – WOCHENENDE – QUERBEET

Karte 2

CENTRO 2

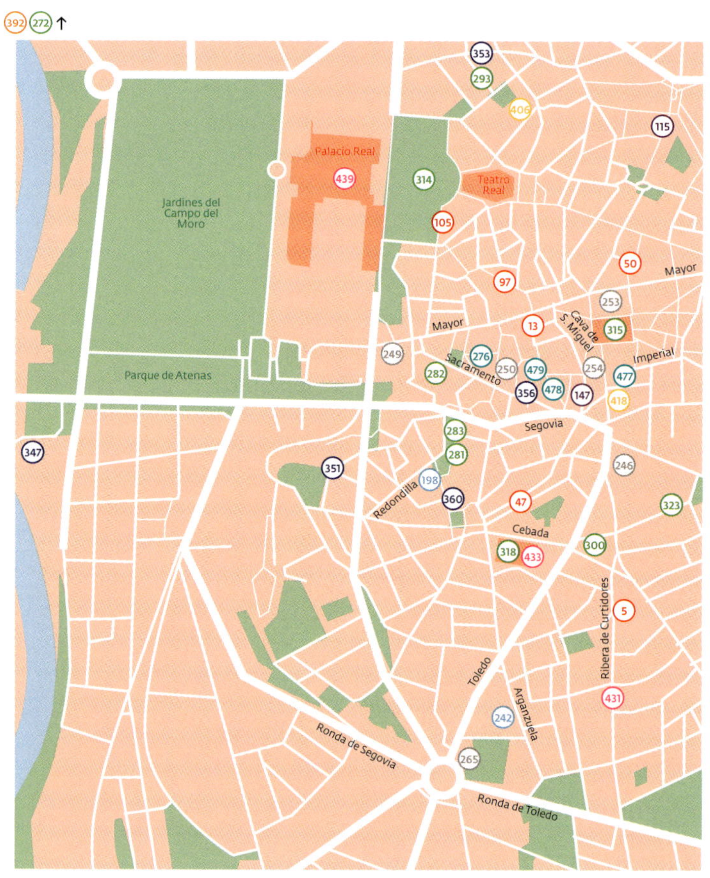

ESSEN – TRINKEN – SHOPPEN – GEBÄUDE – ENTDECKEN – KULTUR – KINDER – SCHLAFEN – WOCHENENDE – QUERBEET

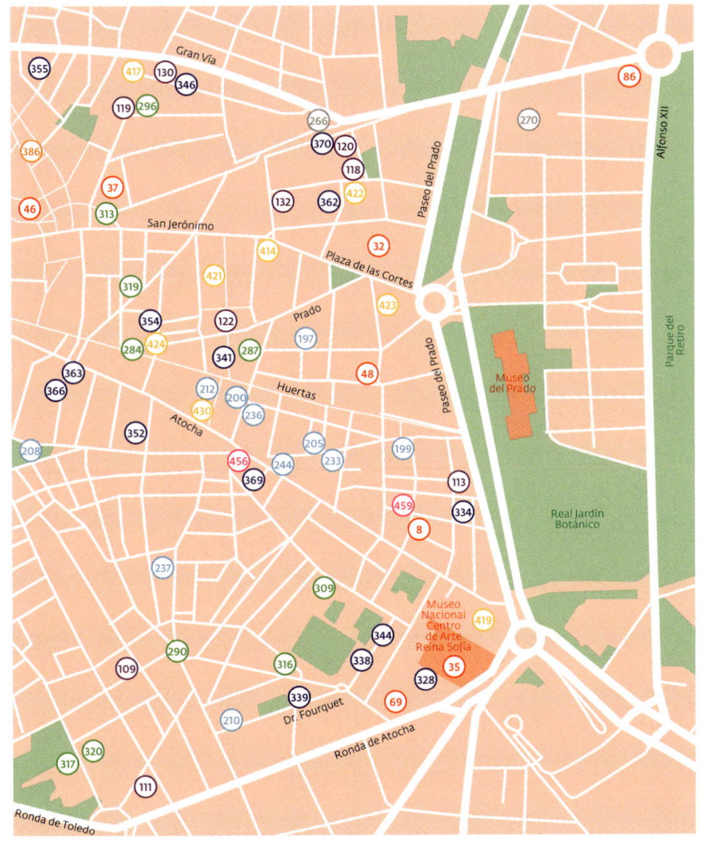

ESSEN – TRINKEN – SHOPPEN – GEBÄUDE – ENTDECKEN – KULTUR – KINDER – SCHLAFEN – WOCHENENDE – QUERBEET

Karte 3
SALAMANCA

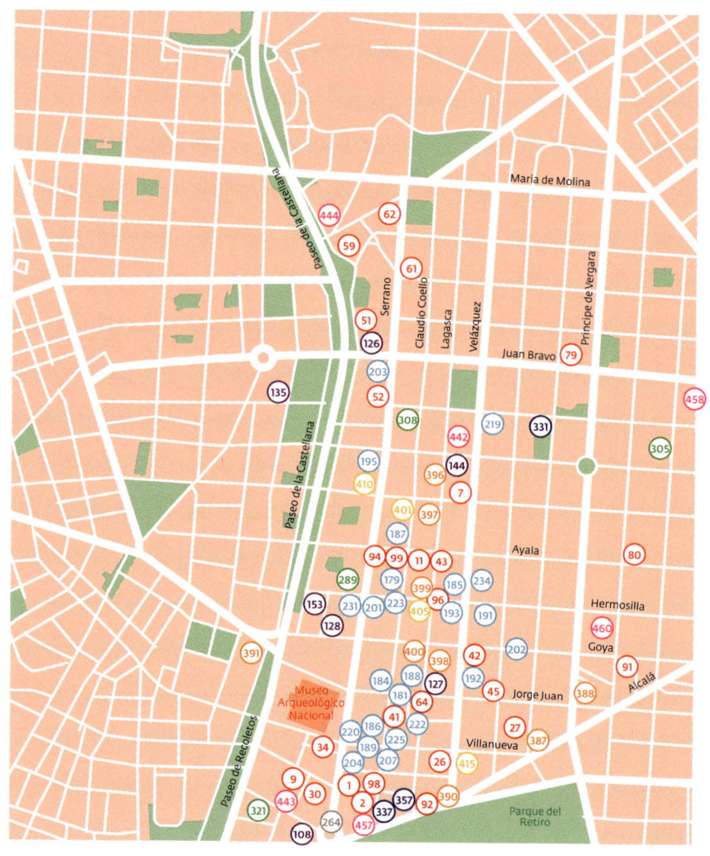

ESSEN – TRINKEN – SHOPPEN – GEBÄUDE – ENTDECKEN – KULTUR – KINDER – SCHLAFEN – WOCHENENDE – QUERBEET

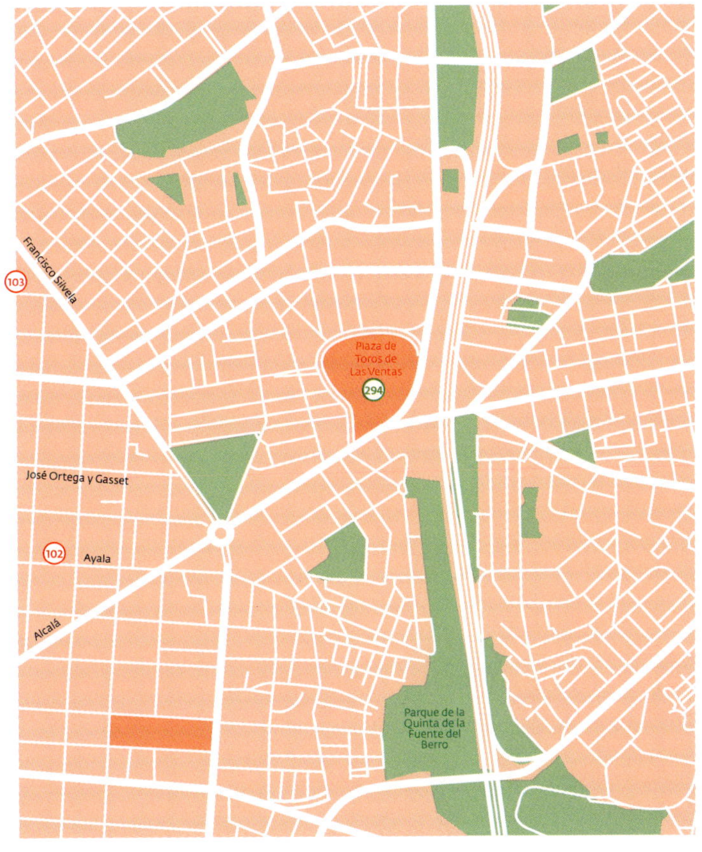
Francisco Silvela
103
Plaza de Toros de Las Ventas
294
José Ortega y Gasset
102
Ayala
Alcalá
Parque de la Quinta de la Fuente del Berro

Karte 4

RETIRO

ESSEN – TRINKEN – SHOPPEN – GEBÄUDE – ENTDECKEN – KULTUR – KINDER – SCHLAFEN – WOCHENENDE – QUERBEET

Karte 5

CHAMBERÍ

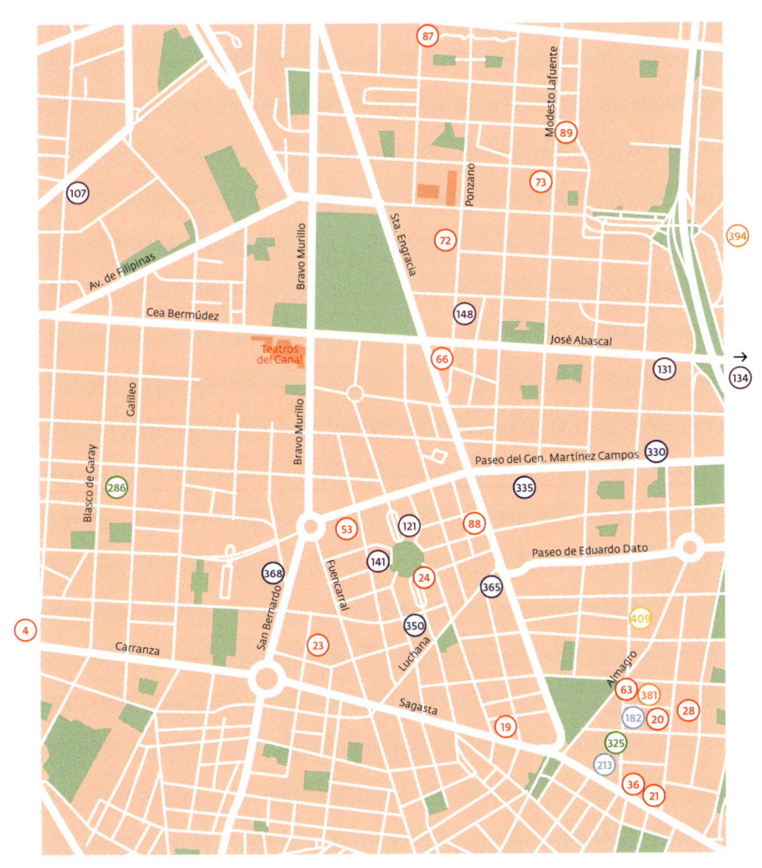

ESSEN – TRINKEN – SHOPPEN – GEBÄUDE – ENTDECKEN – KULTUR – KINDER – SCHLAFEN – WOCHENENDE – QUERBEET

Karte 6

TETUÁN

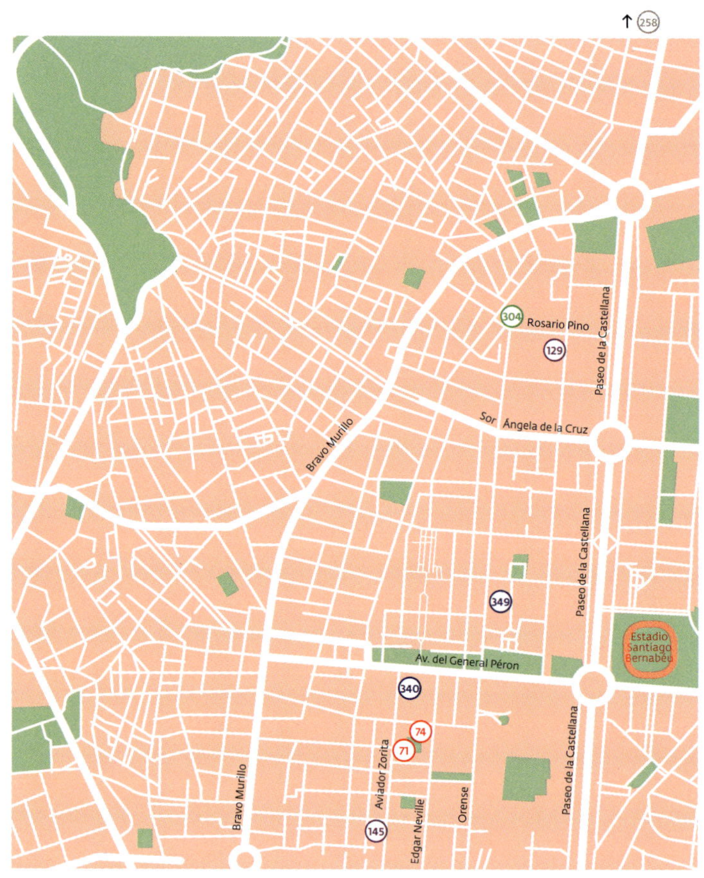

Karte 7
CHAMARTÍN

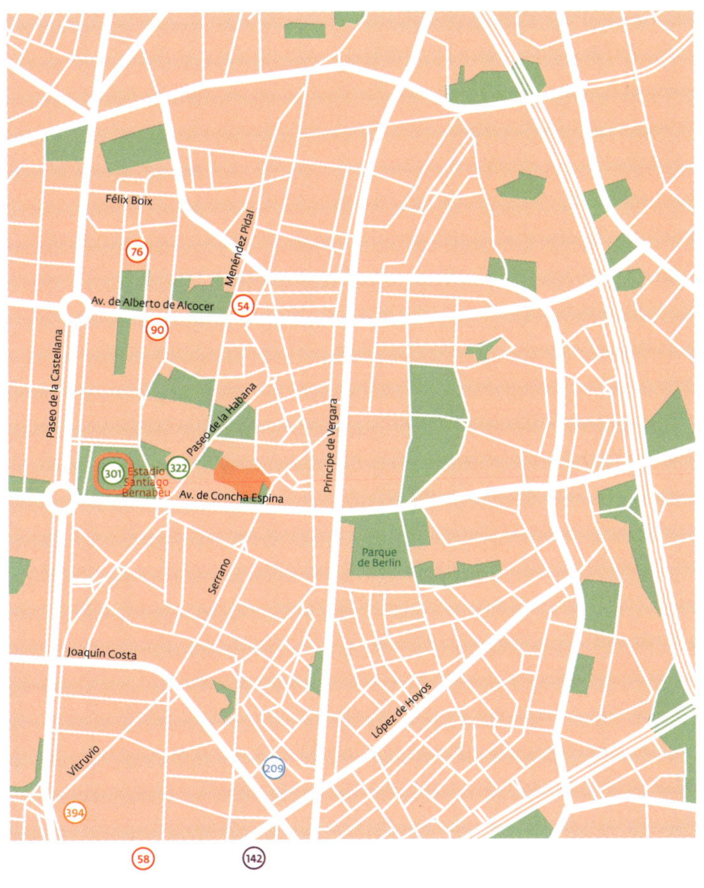

ESSEN – TRINKEN – SHOPPEN – GEBÄUDE – ENTDECKEN – KULTUR – KINDER – SCHLAFEN – WOCHENENDE – QUERBEET

Karte 8

ARGANZUELA

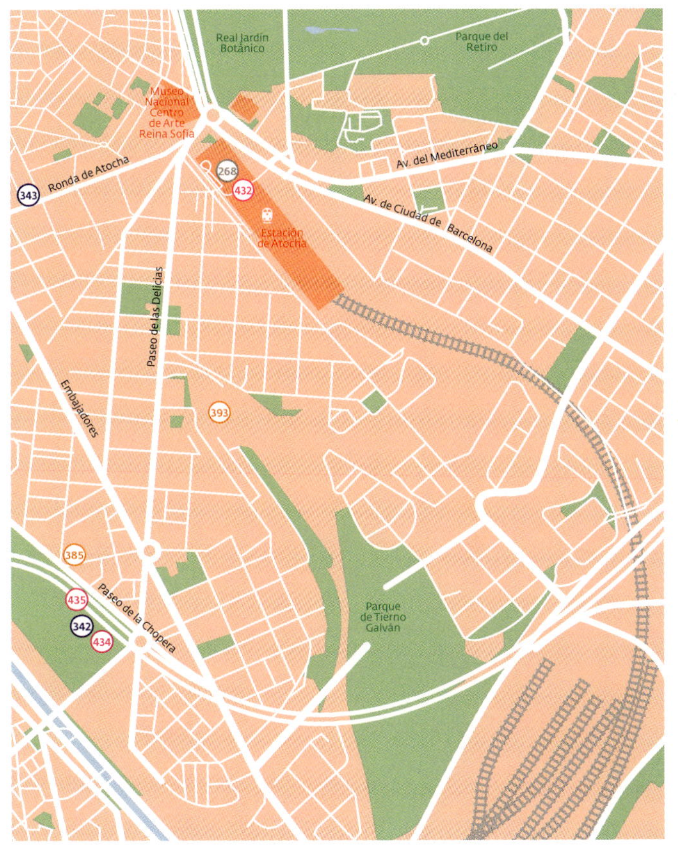

Real Jardín Botánico
Parque del Retiro
Museo Nacional Centro de Arte Reina Sofía
Ronda de Atocha
Av. del Mediterráneo
Av. de Ciudad de Barcelona
Estación de Atocha
Paseo de las Delicias
Embajadores
Paseo de la Chopera
Parque de Tierno Galván
343
268
432
393
385
435
342
434

105 ORTE FÜR GUTES ESSEN

Die 5 schönsten Lokale zum FRÜHSTÜCKEN

1 **MALLORCA**
Serrano 6
Salamanca ③
+34 915 771 859
www.pasteleria-mallorca.com

Die beste Konditorei Madrids (gegr. 1931) hat auch die leckersten *ensaimadas de Mallorca* (ein süßes Gebäck) der Stadt im Angebot. Großartige Lage und schöner Außenbereich, wo man bei Kaffee und Mini-Sandwiches einen tollen Blick auf das lebhafte Viertel Salamanca hat.

2 **MAGASAND**
Columela 4
Salamanca ③
+34 915 768 843
magasand.com

Ob Açaí-Bowl, Sandwich oder frisch gepresste Säfte – hier ist alles gesund! Mit seinem minimalistisch-industriellen Design zieht das Lokal viele Kreative bei der Frühstückspause an.

3 **CRIPEKA**
Santa Teresa 2
Centro ①
+34 911 99 91 08

Ursprünglich gab es hier nur Essen zum Mitnehmen, aber heute setzt man sich in dem charmanten und farbenfrohen Café auch gerne mal kurz mit einem Sandwich oder einem Stück hausgemachten Kuchen hin, bevor man in den Tag startet.

4 **CRUSTÓ**
Gaztambide 3
Chamberí ⑤
+34 910 513 299
crusto.es

Der unwiderstehliche Duft von frisch gebackenem Brot lockt ins Crustó – und mit 14 verschiedenen Brot-, Gebäck- und Sandwichvarianten ist hier garantiert für jeden das richtige Frühstück dabei. Das Café mit der schicken Retro-Einrichtung ist ideal, um den Tag zu beginnen.

5 **MARTINA COCINA**
Plaza de Cascorro 11
Centro ②
+34 910 834 380
martinacocina.es

Hier kümmert sich die Argentinierin Martina persönlich um Ihr Frühstück. In der offenen Küche backt sie Kuchen, Quiches und ihre berühmten *dulce de leche*-Kekse. Das helle, einfache Café ist Treffpunkt für junge und hippe Menschen aus dem Viertel. An schönen Tagen sind die Fenster zur Straße geöffnet, und Sie können Ihren Frühstückskaffee bei angenehm kühler Brise genießen.

4 CRUSTÓ

5 Orte für einen tollen

WOCHENENDBRUNCH

6 **CAFÉ COMERCIAL**
Glorieta de Bilbao 7
Chamberí ⑤
+34 910 882 525
cafecomercial madrid.com

Eines der ältesten Cafés von Madrid und erst vor Kurzem renoviert. Ein fantastischer Treffpunkt, ob tagsüber oder abends. Jeden Sonntag gibt es ein Brunchmenü für 28 Euro mit Brot, Marmelade, vielen Eierspeisen und verschiedenen Gerichten. Ein Mimosa, Bellini oder eine Bloody Mary machen den Sonntag perfekt.

7 **HARINA**
Velázquez 61
Salamanca ③
+34 914 258 736
www.harina madrid.com

Die neueste Harina-Filiale in der typischen, in Weiß und Naturfarben gehaltenen Einrichtung. Brunch von 8.30 bis 21 Uhr! Probieren Sie unbedingt das hausgemachte Sauerteigbrot und die vielen süßen und herzhaften Köstlichkeiten.

8 **GANZ CAFÉ**
Almadén 9
Centro ②
+34 911 733 937
www.ganzcafe.com

In dieser winzigen Boheme-Oase in Las Letras wird auf jedes kleine Detail geachtet. Brunch mit einer schönen Auswahl von den Hauptgerichten, Fruchtsäften und Süßem gibt es bis 14 Uhr.

9 **LA JEFA**

Recoletos 14
Salamanca ③
+34 916 217 674
lajefamadrid.com

Einladendes, gemütliches Lokal im Kolonialstil. Von 11 bis 13 Uhr wird hier ein Brunch mit traditionellen spanischen und internationalen Gerichten wie Eggs Benedict, *mezze* und *cachapa* (venezolanische Maispfannkuchen) angeboten. Im Preis inbegriffen sind zwei Gerichte nach Wahl, dazu frisches Brot, Marmelade und guter Kaffee.

10 **SÉP7IMA**

ONLY YOU ATOCHA
Paseo de la Infanta Isabel 13
Retiro ④
+34 914 097 876
www.onlyyouhotels.com/de/hotels/only-you-hotel-atocha/gastro-spaces/restaurant-youniverse/

Perfekt für einen schicken Brunch auf der Dachterrasse. Samstags und sonntags »Usual Brunchers«-Angebot für 39 Euro mit einem Glas Champagner, Salat, Poke-Bowl, Burger, Eivariationen und Süßem. Fantastisches Ambiente, coole Einrichtung, tolle Leute und eine schöne Aussicht.

8 **GANZ CAFÉ**

5 MÄRKTE
mit leckerem Essen

11 **MERCADO DE LA PAZ**
Ayala 28
Salamanca ③
+34 914 35 743
www.mercadodelapaz.com

Madrids schickster Markt liegt im ebenso schicken Viertel Salamanca. An den Marktständen und in den kleinen Restaurants ist samstagmittags von 12 bis 15 Uhr besonders viel los. Die berühmte Tortilla von Casa Dani sollten Sie unbedingt probieren!

12 **SAN ILDEFONSO**
Fuencarral 57
Centro ①
+34 915 591 300
www.mercadodesanildefonso.com

Ob tagsüber oder abends, hier gibt es immer etwas Leckeres zu essen und dazu ein Bier. Große Auswahl an traditionellem spanischen Streetfood wie *croquetas* und Tortillas sowie viele Gerichte mit Meeresfrüchten, aber auch Burger-Fans kommen nicht zu kurz. Tolles Industriedesign im Inneren der Markthalle.

13 **SAN MIGUEL**
Plaza de San Miguel s/n
Centro ②
+34 915 424 936
mercadodesanmiguel.es

Eine der ältesten Markthallen Madrids (1916 errichtet). 2009 wurde sie instand gesetzt und zu einem der ersten Kulinarikmärkte der Stadt umgestaltet. Heute ist sie ein sehr beliebter Ort, um sich bei Tapas und Wein zu treffen. Nehmen Sie sich unbedingt die Zeit, erst einmal das großartige Angebot auf sich wirken zu lassen, bevor Sie sich entscheiden.

14 **SAN ANTÓN**
Augusto Figueroa 24
Centro ①
+34 913 300 730
www.mercadosananton.com

Reiche Auswahl an Delikatessen im Erdgeschoss, ein Food-Court im ersten und eine Dachterrasse im zweiten Obergeschoss, auf der Sie im Sommer mit einem Aperitivo in der Hand den herrlichen Blick über die Dächer Madrids genießen können.

15 **EL HUERTO DE LUCAS**
San Lucas 13
Centro ①
+34 915 135 466
elhuertodelucas.com

In diesem zu einem Biomarkt mit Restaurant umgebauten alten Industriegebäude steht alles im Zeichen der Nachhaltigkeit. Auf 450 qm werden nur Lebensmittel angeboten, die auf drei Prinzipien basieren: bio, frisch und von bester Qualität.

5 Restaurants für ein großartiges MITTAGESSEN

16 **MURILLO CAFÉ**
Ruiz de Alarcón 27
Retiro ④
+34 913 693 689
www.murillocafe.com

Bistro mit Boheme-Charme und mediterran inspirierter Küche, in dem sich am Wochenende die Bewohner des Viertels bei Salat, Tapas oder Burgern treffen. Bei Sonnenschein ist der kleine Außenbereich mit Blick auf den Prado empfehlenswert. Fantastischer hausgemachter Karottenkuchen!

17 **GRAN CLAVEL**
Gran Vía 11
Centro ①
+34 915 242 305
www.granclavel.com

Drei typische Madrider Lokale in einem: eine moderne *vermutería*, eine gemütliche Weinbar und ein Restaurant mit traditioneller Küche. Besonders gut sind die Kroketten und der geschmorte Ochsenschwanz mit Kartoffelbrei. Hübsche Einrichtung im Stil der Sechzigerjahre.

18 **EL INVERNADERO DE LOS PEÑOTES**
Carretera de Burgos, Km 13
Alcobendas
+34 911 385 725
www.elinvernaderodelospenotes.es

Ungewöhnliches, farbenfrohes, modernes und romantisches Restaurant in den alten Gewächshäusern des Los-Peñotes-Gartencenter. Das ist die 15-minütige Taxifahrt vom Zentrum allemal wert! Und die leichten spanischen Mittagsgerichte sind mindestens genauso gut.

19 **FISMULER**
Sagasta 29
Chamberí ⑤
+34 918 277 581
fismuler.es

Hier wurde alles Überflüssige weggelassen, übrig bleibt, was wirklich wichtig ist: gutes Essen, vor allem Fisch und Gemüse, und ein tolles Ambiente. Spanische, mediterrane und europäische Küche, ihr Paradegericht ist Mar y montaña.

20 **LA VAQUERÍA MONTAÑESA**
Blanca de Navarra 8
Chamberí ⑤
+34 911 387 106
lavaqueria montanesa.es

Restaurant in einem ehemaligen Laden aus dem 19. Jh., in dem Milchprodukte aus Kantabrien verkauft wurden. Hier wird hochwertiges, traditionelles Essen in einem minimalistischen Interieur serviert. Perfekt, um in der Mittagspause von Ottolenghi inspirierte Antipasti oder nordspanische Gerichte zu probieren.

20 LA VAQUERÍA MONTAÑESA

5 *Adressen für*
GESUNDES ESSEN

21 **FIT FOOD**
Génova 25
Chamberí ⑤
+34 917 372 989
fitfood.es

Hier dreht sich alles um kaltgepresste Bio-Fruchtsäfte und Entschlackungskuren. Gönnen Sie sich einen veganen Milchshake, Boost-Shots, Infused Water oder sogar eine einwöchige Detox-Saftkur. Hier ist alles perfekt auf die Bedürfnisse des Körpers abgestimmt – und obendrein einfach köstlich!

22 **KIKI MARKET**
Travesía de San Mateo 4
Centro ①
+34 915 027 339
www.kiki-market.com

Im Laden wie im angeschlossenen Restaurant gibt es nur Bio-Lebensmittel, die Körper und Seele guttun. Fleisch, Obst, Gemüse und Brot, dazu Spirulinapulver, Samen- und Nussmischungen und Superfood-Nahrungsergänzungsmittel. Auch vegane und glutenfreie Gerichte.

23 **ABOLEA**
Sandoval 12
Chamberí ⑤
+34 917 273 245
www.abolea.com

Gesunde Poke-Bowls in der hauseigenen Interpretation: Hier können Sie sechs Zutaten aus verschiedenen Bereichen – Proteine, Gemüse, Blattgemüse, Cerealien, Soßen und ein Topping – frei wählen. Coole Einrichtung und farbenfrohe Bowls.

24 **MAMA CAMPO**
Plaza de Olavide/
Trafalgar 22
Chamberí ⑤
+34 914 474 138
www.mamacampo.es

Lebensmittelladen mit hochwertigen regionalen und Bioprodukten. Das integrierte Bio-Restaurant Cantina mit holländischen Designermöbeln versetzt den Gast auf einen Bauernhof. Jede Menge köstliche traditionelle hausgemachte Gerichte aus ökologisch angebauten Zutaten.

25 **LA MAGDALENA DE PROUST**
Regueros 8
Centro ①
+34 914 673 311
www.lamagdalenadeproust.com

Ein Lebensmittel-Concept-Store mit zu 100 Prozent ökologisch hergestellten Produkten. Zu ihm gehören ein Supermarkt und eine Cafeteria, es gibt hausgemachtes Brot und Kochkurse. Hier können Sie frühstücken, zu Mittag essen oder auch Essen zum Mitnehmen bestellen. Das angebotene Obst und Gemüse wird im nahe gelegenen Obstgarten Riva angebaut.

24 MAMA CAMPO

Die 5 coolsten Restaurants für
VEGETARIER

26 **BUMPGREEN**
Velázquez 11
Salamanca ③
+34 911 962 018
bumpgreen.com

Für alle Fans der Slow-Food-Bewegung: Die kreative und gesunde Küche wird nach den Prinzipien »gut, sauber und fair« geführt und bietet zu jeder Tageszeit etwas Leckeres an. Veggie-freundlich, fleischlose Montage.

27 **FLOREN DOMEZAIN**
Castelló 9
Salamanca ③
+34 915 767 623
www.florendomezain.es/restaurante

Floren Domezáin gilt als »Gemüsekönig«, denn er bringt aus seinen Gärten in der Ribera Navarra nur das beste Gemüse auf den Tisch. Das Restaurant verfügt über einen erdlosen, vertikalen Biogarten, aus dem sich der Gast zusammen mit dem Kellner seinen eigenen Salat zusammenstellen kann.

28 **OLIVIA TE CUIDA**
Fortuny 7
Chamberí ⑤
+34 914 541 465
www.oliviatecuida.net

»Olivia te cuida« heißt, dass Olivia sich persönlich um ihre Gäste kümmert. Dank der gesunden Bio-Produkte, der Zutaten aus dem eigenen Obstgarten, der aufmerksamen Bedienung und der modernen Einrichtung werden Sie sich hier richtig wohlfühlen. 99 Prozent vegetarische Gerichte.

29 **LEVÉL VEGGIE BISTRO**
Avenida de Menéndez Pelayo 61
Retiro ④
+34 911 275 752
www.levelbistro.es

Die Besitzer dieses modernen Restaurants kombinieren vegane Rezepte mit Rohkost, die bei Temperaturen von nicht über 41 °C zubereitet wird, um die Nährstoffe zu erhalten. Weitere Highlights sind die schöne kleine Terrasse, die Werke einheimischer Künstler an den Wänden und der Gemüse-Burger »Fabrizio«.

30 **IL TAVOLO VERDE**
Villalar 6
Salamanca ③
+34 918 051 512
www.iltavoloverde.com

Ein wahres *Hidden Secret*! Im Tavolo Verde, einer ehemaligen Bronzewerkstatt, können Sie Antiquitäten und Kunsthandwerk kaufen oder einfach nur ganz gemütlich zu Mittag essen oder einen Tee trinken und dazu hausgemachten Kuchen essen. Vegetarische Gerichte aus Bio-Zutaten.

30 IL TAVOLO VERDE

5 *Lokale mit* SCHÖNEM AUSSENBEREICH

31 **BOSCO DE LOBOS**
Hortaleza 63
Centro ①
+34 915 249 464
www.encompania delobos.com/en/ bosco-de-lobos

Ob romantisches Dinner oder Geschäftsessen – das in der grünen Oase des Innenhofs der Hochschule für Architektur versteckte italienische Restaurant ist stets die passende Location. Aber auch im Inneren kann man gemütlich essen.

32 **EL MIRADOR DEL THYSSEN**
Paseo del Prado 8
Centro ②
+34 914 293 984
www.elmiradordel thyssen.com

Die Dachterrasse des modernen Flügels des Museo Thyssen ist ideal für ein romantisches Dinner mit klassischer mediterraner Küche. Perfekt wird der Abend mit einem Aperitivo an der Bar im Freien. Nur von Ende Juni bis Anfang September geöffnet.

33 **FRIDA**
San Gregorio 8
Centro ①
+34 917 048 286
fridamadrid.com

Gemütlicher und ruhiger Außenbereich in einem kleinen Hof mit Olivenbaum. Die Speisekarte hat von Pizza über Tuna Tataki bis zu Toast mit Ibérico-Schinken viel zu bieten. Bestens geeignet für einen morgendlichen oder nachmittäglichen Snack.

34 NUMA POMPILIO

Velázquez 18
Salamanca ③
+34 916 859 719
restaurantenuma.com

Im Numa Pompilio stehen Klassiker der italienischen Küche auf der Karte, die man im dazu passenden toskanischen Garten genießen kann. Viel Grün, schmiedeeiserne Tische und Stühle, eine Gartenlaube … Wunderschön an lauen Sommerabenden!

35 ARZÁBAL

MUSEO REINA SOFÍA
Santa Isabel 52
Centro ②
+34 915 286 828
arzabal.com

Der von Mai bis Ende Oktober geöffnete Außenbereich des Restaurants im Museo Reina Sofía bietet lauschige Plätzchen und eine schöne Auswahl an nordspanischen Gerichten. Spezialität des Hauses ist Fisch und Fleisch vom Grill.

31 BOSCO DE LOBOS

Die 5 besten
SANDWICHLÄDEN

36 **LA GARRIGA**
Génova 21
Chamberí ⑤
+34 913 100 540
www.lagarriga.com/madrid-genova

La Garriga kann auf eine mehr als fünfzigjährige Erfolgsgeschichte zurückblicken. Mittlerweile gibt es hier auch Tapas und Sandwiches und außerdem die besten *sobrasada* und Käsesandwiches der Stadt – ideal für eine kleine Pause.

37 **RODILLA SOL**
Puerta del Sol 13
Centro ②
+34 915 211 462
www.rodilla.es

1939 bot der Metzger Antonio Rodillo mit Schinken, Käse und Salat belegte Brote nach englischem Vorbild an, die rasch zu einem Verkaufsschlager wurden. Am beliebtesten ist bis heute das Sandwich mit Ei-Kartoffel-Salat. Das Restaurant im ersten Stock hat außerdem eine fantastische Aussicht.

38 **LA CASA TOMADA**
San Lorenzo 9
Centro ①
+34 915 138 448
lacasatomada.es

Hier gibt es wahrhaft riesige Sandwiches, von denen man für den Rest des Tages satt wird – und zwar in 17 Varianten, darunter Roastbeef, Teriyaki oder Hühnchen. Tolles weiches und trotzdem knuspriges Brot.

39 **BOCADILLO DE JAMÓN Y CHAMPÁN**
Avenida de
Menéndez Pelayo 15
Retiro ④
bdej.es

Hier ist der Name Programm, denn Jamón-Ibérico-Sandwiches und Champagner stehen in vielen Varianten zur Wahl. Elegante Inneneinrichtung aus Holz und Messing mit hellen Farben und einem schönen Blick auf den Retiro-Park.

40 **CRUMB**
Conde Duque 8
Centro ①
+34 915 484 129
crumb.es

Das 2003 eröffnete Crumb erhebt das Sandwich zum Gourmet-Essen, was aber nicht bedeutet, dass die Portionen klein und elegant sind. Das selbst gebackene Brot und die köstlichen Beläge sind von höchster Qualität.

5 tolle Adressen für
JAMÓN IBÉRICO

41 **CINCO JOTAS**
Callejón de Puigcerdà s/n
Salamanca ③
+34 915 754 125
www.restaurantescincojotas.com

Im am Eingang von Madrids berühmter Fressmeile gelegenen Cinco Jotas fühlt man sich wie auf einem schicken andalusischen Landsitz. Der hauseigene Cinco-Jotas-Schinken wird seit Jahrhunderten hergestellt und gilt als einer der besten der Welt.

42 **JOSELITO'S**
Velázquez 30
Salamanca ③
+34 917 274 762
www.joselito.com

Hier dreht sich alles um den Schinken vom Ibérico-Schwein. Das markant rot und schwarz eingerichtete, elegante Restaurant mit angeschlossenem Laden ist eine der besten Adressen in der calle de Velázquez. Montag bis Samstag von 9 bis 23 Uhr geöffnet.

43 **LA BOULETTE**
MERCADO DE LA PAZ, STAND 63–68
Eingang: Lagasca 49
Salamanca ③
+34 914 317 725
www.laboulette.com

La Boulette im Mercado de la Paz ist ein bei Bewohnern des Viertels beliebter Delikatessenladen und Imbiss. Große Auswahl an Schinkensorten und nette Beratung. Vakuumverpackung möglich.

44 LÓPEZ PASCUAL

Corredera Baja de San Pablo 13
Centro ①
+34 915 228 512
jamonesibericos madrid.com

Der älteste Laden seiner Art in Madrid. Schon seit 1919 bekommt man hier eine großartige Auswahl an Jamón Ibérico. Seit mittlerweile drei Generationen gibt es hier die besten traditonell hergestellten Schinken aus Jabugo, Cumbres Mayores und Guijuelo.

45 ÁLBORA

Jorge Juan 33
Salamanca ③
+34 917 816 197
restaurantealbora.com

Großartiges, minimalistisch eingerichtetes Lokal, in dem Sie viele verschiedene, mit Schinken vom Ibérico-Schwein zubereitete Gerichte probieren können – am besten isst man hier auf die spanische Art und teilt. Unbedingt probieren sollte man das Jamón-Ibérico-Trio, die einzelnen Schinken stammen von 2011, 2012 und 2013.

41 CINCO JOTAS

5
AUTHENTISCHE RESTAURANTS

46 **CASA LABRA**
Tetuán 12
Centro ②
+34 915 310 081
www.casalabra.es

Die markante Fassade stammt aus dem Jahr 1860. Und bis heute gönnen sich hier die Madrileños die Spezialitäten des Hauses, darunter vor allem frittierten Kabeljau und *croquetas*. Besonders gut passt dazu ein schönes kaltes Bier. Mittags muss man hier oft in der Schlange stehen.

47 **CASA LUCIO**
Cava Baja 35
Centro ②
+34 913 653 252
casalucio.es

Eine echte Madrider Institution. Vor mehr als 40 Jahren eröffnete Lucio Blázquez dieses Lokal, das über die Jahre von vielen Prominenten besucht wurde, die sich gerne mit Lucio fotografieren lassen. Seine berühmten Eier mit Kartoffeln wurden von den umliegenden Restaurants oft kopiert, aber nie erreicht!

48. LA DOLORES

48 **LA DOLORES**

Plaza Jesús 4
Centro ②
+34 914 292 243

An der mit den typischen Fliesen gestalteten Fassade des 1908 gegründeten La Dolores steht zu lesen, was es drinnen gibt: kaltes Bier und Tapas. Zu seinem Bier vom Fass isst man hier am besten hausgemachte Kartoffelchips mit Anchovis und Essig. Achtung: Auch wenn diese Kombination erst einmal seltsam klingt, hat sie hohes Suchtpotenzial.

49 **CASA PERICO**

Ballesta 18
Centro ①
+34 915 328 176
www.casaperico madrid.es

Dieses wirklich urige Restaurant ist auch unter dem Namen »Haus des Löffels« bekannt, denn hier gibt es sogenannte »Löffelgerichte«: Seit 1942 wird mittwochs Linsen-, donnerstags Bohnen- und freitags Kichererbsensuppe serviert.

50 **CHOCOLATERIA SAN GINÉS**

Pasadizo de San Ginés 5
Centro ②
+34 913 656 546
www.chocolateria sangines.com

Churros mit Schokosoße um 3 Uhr früh? Kein Problem! Die Chocolateria San Ginés hat rund um die Uhr geöffnet – und hier ist immer etwas los. Seit 1894 gibt es die frittierten Köstlichkeiten mit einer dicken, geschmacksintensiven spanischen Schokosoße.

5 *Restaurants, in denen* **BIS 3 UHR NACHTS** *gegessen und gefeiert wird*

51 **MARIETA**
Paseo de la Castellana 44
Salamanca ③
+34 915 757 553
www.marietamadrid.com

Das Marieta hat jede Menge Platz für Events und tolles Essen auf der Karte. Hier findet jeder etwas, seien es Artischocken mit Ibérico-Schinken, Mini-Marieta-Kebab oder ein perfektes Beef Wellington. Um etwa 1 Uhr nachts wird dann das Licht gedimmt und die Musik laut – und die Party kann beginnen. Tolle Atmosphäre.

52 **TATEL**
Paseo de la Castellana 36
Salamanca ③
+34 911 721 841
www.tatelrestaurants.com

Restaurant und Bar in einem. Im innovativen Tatel, an dem Prominente wie Enrique Iglesias, Rafa Nadal und Pau Gasol beteiligt sind, fühlt man sich beinahe wie in New York. Die 800 qm große, ziemlich einzigartige Location bietet Livemusik, DJ-Sets und exzellente Cocktails. Ein Muss.

53 **PERRACHICA**
Eloy Gonzalo 10
Chamberí ⑤
+34 917 377 775
perrachica.com

Hier dreht sich auf 900 qm von morgens bis spätabends alles ums Vergnügen. Die riesige, stylische Location ist in einem Mix aus Kolonial- und Retrostil eingerichtet.

54 **JUANITA CRUZ**
Paseo de la Habana 105
Chamartín ⑦
+34 914 511 776
www.juanitacruz.com

Die zu einem Restaurant und Club mit besonderem, unkonventionellem Flair umgebaute alte Metrostation ist eine tolle Location für einen lustigen Abend. Zu essen gibt es zum Beispiel *rabo de toro*-Burger (Ochsenschwanz) und *cochinita pibil* (geschmortes Schweinefleisch in der Tortilla).

55 **POINTER**
Marqués de la Ensenada 16
Centro ①
+34 910 884 550
pointermadrid.com

Das zweistöckige, deutlich von der New Yorker Restaurantszene beeinflusste Lokal verfügt über unterschiedlich gestaltete Räumlichkeiten. Die Küche mischt östliche, westliche und spanische Einflüsse. Im Untergeschoss darf getanzt werden.

53 **PERRACHICA**

5 heiße Tipps für
HIPPE RESTAURANTS

56 **BOTANIA**
Plaza de España 5
Centro ①
+34 915 757 553
www.botania madrid.com

Hier trifft sich ein junges Jetset-Publikum. Mediterranes Essen und eine spektakuläre, farbenfrohe Inneneinrichtung im Stil der Sixties mit viel Grün. Nach dem Abendessen wird in der Ginkgo Sky Bar auf der Dachterrasse gefeiert.

57 **AMAZÓNICO**
Jorge Juan 20
Salamanca ③
+34 915 154 332
restauranteamazo nico.com/en

Das neueste Projekt der Betreiber der großartigen Lokale Paraguas, Ten con Ten und Quintín übertrifft alle Erwartungen. In seinem fantastisch eingerichteten Innenraum fühlt man sich wahrhaftig wie im Urwald des Amazonas. Als Vorspeise sollten Sie Ceviche, *tartar* oder *kofta* probieren und als Hauptgang ein Fleischgericht.

58 **POMERANIA**
María de Molina 4
Chamartín ⑦
+34 910 884 550
pomeraniamadrid.com

Sehr edle und elegante mediterrane Inneneinrichtung. Hier treffen sich Schöne, Reiche und lokale Berühmtheiten. Moderne spanische Küche, besonders empfehlenswert ist der Russische Salat. Außenbereich ganzjährig geöffnet.

59 **BIBO**

59 **BIBO**

Paseo de la Castellana 52
Salamanca ③
+34 918 052 556
www.grupodanigarcia.com/bibo-madrid

Jeder kennt Dani García, und das Bibo ist die Madrider Version seines berühmten Restaurants im Hotel Puente Romano in Marbella. Hier gibt es die erschwinglichere und internationalere Variante seiner von Andalusien inspirierten Spitzenküche. Die Inneneinrichtung ist ebenso überraschend wie beeindruckend!

60 **DSTAGE**

Regueros 8
Centro ①
+34 917 021 586
www.dstageconcept.com

Der Name ist aus der Abkürzung für »Days to Smell Taste Amaze Grow & Enjoy« gebildet. Innovative Konzeptküche mit einer Mischung aus lateinamerikanischen, asiatischen und spanischen Einflüssen, eine entspannte Atmosphäre und Industriedesign – das DStage ist ein Paradebeispiel für die neue Generation Michelin-gekürter Restaurants.

5 trendige und BEZAHLBARE Restaurants

61 **MAKKILA**
Núñez de Balboa 75
Salamanca ③
+34 917 372 701
www.makkila.com

Art déco, Holz, ausgefallene Lampen, Stoffe in Erdfarben und Kelim-Kissen. Das gemütliche Restaurant ist für seine exzellenten *pinchos* und *raciones* (Gerichte zum Teilen) bekannt: Es gibt zum Beispiel Tortilla mit karamellisierten Zwiebeln oder Oktopus mit Kartoffelbrei.

62 **LAMUCCA**
Serrano 91
Salamanca ③
+34 915 210 000
www.lamucca company.com

Hier wird es schnell voll, denn das informelle und dennoch schicke Setting in einem renovierten Madrider Stadthaus mit einer Mischung aus Vintagemöbeln und Industriedesign und die große Auswahl an Gerichten aus aller Herren Länder zieht viele Gäste an. 365 Tage im Jahr geöffnet.

63 **WHITBY**
Almagro 22
Chamberí ⑤
+34 913 197 088
www.whitby.es

Das kleine Restaurant mit guter Musik und nettem Publikum eignet sich perfekt für ein entspanntes Abendessen mit Freunden. Bleiben Sie nach dem Abendessen am besten noch für einen Drink, oder zwei …

64 **TABERNA LOS GALLOS**

Puigcerdà 4
Salamanca ③
+34 914 310 647
www.tabernalosgallos.com

Die in der berühmten Calle Puigcerdà gelegene, von Madrid in Love eingerichtete Taberna Los Gallos verfügt über eine hübsche Terrasse und einen zweistöckigen Innenbereich. Auf der Karte stehen unkomplizierte Klassiker. Nach dem Abendessen sollten Sie unbedingt noch auf einen Drink bleiben, denn das Ambiente ist einfach traumhaft.

65 **HABANERA**

Génova 28
Centro ①
+34 917 372 017
www.habaneramadrid.com

Hier dominiert die üppige Eleganz eines kubanischen Kolonialbaus. Das 900 qm große Habanera hat sich ganz der Kochkunst verschrieben. Tolle Mischung aus mediterraner und karibischer Küche. Unbedingt probieren sollten Sie die meisterhaften Cocktails des Mixologen Carlos Moreno.

61 MAKKILA

5
INNOVATIVE
Restaurants

66 **SALA DE DESPIECE**
Ponzano 11
Chamberí ⑤
+34 917 526 106
www.salade despiece.com/en/

Der Name des Restaurants bezeichnet den Raum einer Metzgerei, in dem die Tiere zerlegt werden. Decke und Wände sind mit Styroporboxen verkleidet und Zubehör hängt an Fleischerhaken. Die Tapas werden vor Ihren Augen zubereitet. Besonders gut ist das Ribeye-Steak mit Tomaten und Trüffeln.

67 **BARRA /M**
Libertad 5
Centro ①
+34 916 684 678

In diesem revolutionären Lokal des renommierten peruanischen Kochs Omar Malpartida passiert alles von der Zubereitung bis zum Verzehr an der markanten Theke aus Stahl. Während es draußen dunkel wird und die Musik spielt, vergessen Sie schnell, dass Sie eigentlich nur zum Abendessen vorbeischauen wollten.

68 **KULTO**
Ibiza 4
Retiro ④
+34 911 733 053
kulto.es

Das Essen im Kulto ist schwer einzuordnen. Es gibt Anklänge an die andalusische Küche, aber alles hat eine ganz besondere, persönliche Note. Tapasbar im Erdgeschoss, oben im hübschen Mezzaningeschoss wird schick zu Abend gegessen.

69 **NUBEL**
EDIFICIO NOUVEL
Argumosa 43
Centro ②
+34 915 301 761
www.nubel.es

Das im eindrucksvollen, von Jean Nouvel geschaffenen Erweiterungsbau des Museo Reina Sofía untergebrachte Restaurant hat von morgens bis um halb drei Uhr nachts geöffnet. Originell ist hier nicht nur die Inneneinrichtung, sondern auch das Abendmenü von Javier Muñoz-Calero.

70 **FLORIDA RETIRO**
Paseo de Panamá 1
Retiro ④
+34 918 275 275
floridaretiro.com

Bereits seit 1814 kann man sich im Retiro-Park vergnügen. Heutzutage hat man die Wahl zwischen mehreren Restaurants, Tapasbars, Terrassen und La Sala, wo festliche Abendessen und Shows von Yllana, der Theatergruppe hinter der berühmten Show *The Hole*, ausgerichtet werden.

69 NUBEL

5 großartige Restaurants für **GALICISCHE** *und* **BASKISCHE** *Spezialitäten*

71 **TABERNA GAZTELUPE**
Comandante
Zorita 32
Tetuán ⑥
+34 915 349 116
gaztelupe.goizeko-gaztelupe.com

Traditionelles baskisches Restaurant mit weißen Tischdecken, exzellentem Service und Gerichten aus hochwertigen Zutaten. Fantastische Auswahl an frischem Fisch und Meeresfrüchten, unbedingt probieren sollten Sie den Thunfisch (Saison von März bis Juni). Mehr als 200 meist spanische Weine.

72 **ARIMA**
Ponzano 51
Chamberí ⑤
+34 911 091 599
www.arimabasquegastronomy.com

Arima (Seele) bezeichnet Traditionen, die von Generation zu Generation weitergereicht werden. Die ungezwungene Einrichtung bricht dagegen mit der Atmosphäre einer traditionellen baskischen Taverne, und auch beim Essen fügt das Arima seine persönliche Note hinzu. Großartiger Wermut und Cocktails.

73 **URKIOLA MENDI**
Cristóbal Bordiú 52
Chamberí ⑤
+34 917 555 762
www.urkiolamendi.net

Dieses Lokal ist in den letzten 18 Jahren öfter umgezogen, die Qualität des Essens ist aber gleich geblieben. Das Team aus Bilbao ist auf Bacalao (Stockfisch) spezialisiert. Intime Atmosphäre mit nur sieben Tischen. Hausgemachte Desserts.

74 **O'PAZO**
Reina Mercedes 20
Tetuán ⑥
+34 915 532 333
www.opazo.es

Hier gibt es seit 1981 nur den besten Fisch und Meeresfrüchte. Die elegante Einrichtung hat nichts mit dem Klischee eines galicischen Fischrestaurants zu tun. Fantastischer Steinbutt und Flunder, dazu eine tolle Auswahl an Krustentieren wie Seeigel und Entenmuscheln als Vorspeise.

75 **CANNIBAL RAW BAR**
Almirante 12
Centro ①
+34 910 268 794
www.cannibalrawbar.es

Neuinterpretation der galicischen Küche, hier gibt es zum Beispiel Meeresfrüchte-Carpaccio und Ceviche. Ableger des Coruña in Galicia, aber keine Sorge, die Madrider Filiale hat dieselben Gerichte im Angebot – und dazu noch das vielleicht schönere Ambiente.

74 O'PAZO

5 *Restaurants mit*

LATEINAMERIKANISCHER KÜCHE

76 **RUBAIYAT**
Juan Ramón
Jiménez 37
Chamartín ⑦
+34 913 591 000
www.grupo
rubaiyat.com

Brasilien mitten in Madrid – sehr zur Freude aller Fleischliebhaber. Das Rubaiyat wurde von einem Galicier gegründet, der 1951 nach Brasilien auswanderte und dessen Familie nun mehrere Restaurants in Lateinamerika besitzt. Toller Caipirinha, schöne Inneneinrichtung und netter Außenbereich.

77 **TIRADITO & PISCO BAR**
Conde Duque 13
Centro ①
+34 915 417 876
www.tiradito.es

In diesem Restaurant des Kochs Omar Malpartida liegt der Schwerpunkt auf dem Reichtum der peruanischen Küche, wobei viele Originalprodukte verwendet werden. Auf der Karte stehen nur zwölf Gerichte, die sich mit der Jahreszeit und der Verfügbarkeit der Zutaten ändern. Gute Cocktails mit in dem peruanischen Nationalgetränk *pisco* eingelegten Früchten.

78 **LA LUPITA**
Conde de Xiquena 10
Centro ①
+34 911 526 565
lalupita.es

Die aus Mexiko-Stadt stammenden Betreiber servieren in ihrer Taquería in einem modernen und entspannten Ambiente hausgemachte, mit Gegrilltem gefüllte Tacos, die man mit zwei Fingern essen kann. Unbedingt probieren sollte man die Tacos al Pastor. Dazu passt am besten eine erfrischende Margarita.

79 **PÓLVORA**
Juan Bravo 23
Salamanca ③
+34 910 518 450
www.restaurante polvora.com

Fusionsküche mit spanischen, kubanischen, argentinischen, mexikanischen – und asiatischen Einflüssen. Das toll eingerichtete Restaurant von Gonzalo Sainz, der vorher in Diego Guerreros erfolgreichem DSTAgE arbeitete, ist außerdem für seinen Käsekuchen berühmt.

80 **PUNTO MX**
General Pardiñas 40b
Salamanca ③
+34 914 022 226
www.puntomx.es

Das mit einem Michelin-Stern ausgezeichnete, einfache und moderne Punto MX ist eines der besten mexikanischen Restaurants in Madrid, wenn nicht sogar in Europa. Der Koch verfolgt einen modernen Ansatz, erfindet traditionelle Gerichte neu und kreiert so einzigartige Köstlichkeiten. Schauen Sie auch in der Gastrobar mezcalLab vorbei.

Die 5 besten
TAPASBARS

81 **LA CASTELA**
Doctor Castelo 22
Retiro ④
+34 915 735 590
restaurantela castela.com

Tapasbar mit angeschlossenem Restaurant, das sich in einem separaten, ruhigen Raum befindet. Hier ist immer viel los – der vielleicht beste Platz ist mit einem Glas Wein oder Bier zu den Tapas an der Theke. Oder Sie teilen sich ein À-la-carte-Gericht – besonders empfehlenswert ist *milhojas de ventresca*, ein geschichteter Salat mit roter Paprika und Thunfisch.

82 **TASCA CELSO Y MANOLO**
Libertad 1
Centro ①
+34 915 318 0 79
celsoymanolo.es

Bei der Restaurierung der alten Taberna blieb die typische Theke und der originale Fliesenboden erhalten. Im Angebot sind Tapas und kleine Gerichte in der spanischen Küchentradition. Klassiker auf der Speisekarte sind Gerichte mit Tomaten aus Huesca, Rabas de Santander (frittierte Tintenfische) und Empanadillas.

83 **LA RAQUETISTA**
Doctor Castelo 19
Retiro ④
+34 918 311 842
laraquetista.com

Das Viertel Retiro und die Calle Ponzano sind bekannt für ihre aufstrebende Restaurantszene. La Raquetista ist ein gutes Beispiel für großartiges Essen zu fairen Preisen – eine Kombination, die viel Leidenschaft und Arbeit erfordert. Nette Atmosphäre in der angeschlossenen Bar. Sowohl die Tapas als auch die regulären Gerichte sind empfehlenswert.

84 **LA CARMENCITA**
Libertad 16
Centro ①
+34 915 310 911
tabernalacarmencita.es

In der zweitältesten Taberna Madrids (gegr. 1854) waren schon Berühmtheiten wie Pablo Neruda zu Gast. Das denkmalgeschützte Lokal wurde behutsam renoviert, dabei blieben die mehrfarbigen Fliesen und die Holztheke am Eingang erhalten.

85 **TABERNA PEDRAZA**
Calle de Recoletos 4
Retiro ④
+34 913 428 240
tabernapedraza.com

Carmen kümmert sich um die Küche und ihr Ehemann Ramón um die Gäste. Die Einrichtung des berühmten Innenarchitekten Lázaro Rosa Violán zeigt Anklänge der Siebzigerjahre. Auf der Karte stehen neben der Tortilla de Betanzos, für die die Taberna berühmt ist, auch Croquetas Cremosas und viele Klassiker.

5 *Restaurants mit fantastischer* FUSIONSKÜCHE

86 **AARDE**
Plaza de la Independencia 10
Centro ②
+34 910 889 330
www.aarde.es

Das neueste Restaurant des gastronomischen Power-Duos Sandro Silva und Marta Seco lädt sie zu einer kulinarischen Reise nach Afrika ein. Nicht nur die Gerichte, sondern auch manche Zutaten stammen aus Afrika – und außerdem ist alles 100 Prozent bio. Zusammen mit der tollen Inneneinrichtung ein Genuss für alle Sinne!

87 **SASHA BOOM**
Raimundo Fernández Villaverde 26
Chamberí ⑤
+34 911 995 010
restaurantesashaboom.com

Hier verschmilzt die nahöstliche (vor allem libanesische) mit der mediterranen (vor allem griechischen) Küche. Kleine Speisekarte mit 20 großartigen Gerichten, ganzjährig geöffneter Außenbereich und gute Cocktails – viele Gründe, warum sich hier auch Geschäftsleute gerne treffen.

88 **BACIRA**
Castillo 16
Chamberí ⑤
+34 918 664 030
www.bacira.es

Sehr beliebtes, ungezwungenes und bezahlbares Restaurant, das mit viel Leidenschaft von drei Freunden betrieben wird, die frische und pikante mediterrane Küche mit asiatischen Anklängen bieten. Unbedingt reservieren!

89 **CHIFA**

Modesto Lafuente 64
Chamberí ⑤
+34 915 347 566

Gemütliches, kleines Restaurant, in dem 25 Leute Platz finden (inkl. an der Theke). China und Lateinamerika vereinigen sich in Gerichten wie Causa a la Hamanako. Minimalistische Einrichtung im Stil der Fünfzigerjahre.

90 **DIVERXO**

Padre Damián 23
Chamartín ⑦
+34 915 700 766
diverxo.com

Küchenchef David Muñoz konnte 2018 gleich drei Michelin-Sterne ergattern. Alle seine Restaurants führen Sie auf eine unnachahmliche geschmackliche Reise durch Asien und Spanien, die alle Sinne anspricht und auch den Humor nicht vermissen lässt. Etwas preisgünstiger ist sein zweites Restaurant StreetXo, wo man sich aber auf Warteschlangen einstellen sollte.

87 SASHA BOOM

5 Orte für eine
SÜSSE PAUSE

91 **LA PECERA**
Goya 56
Salamanca ③
www.instagram.com/wearelapecera

Am oberen Ende der rosa Treppe erwartet den Gast in dieser Eisdiele eine Fantasiewelt rund um das süße japanische Gebäck Taiyaki. Die fischförmige Eiswaffel wird mit Softeis in einer von vier Geschmacksrichtungen (Vanille, Schokolade und zwei saisonale Sorten) sowie verschiedenen Toppings gefüllt.

92 **LA MEJOR TARTA DE CHOCOLATE DEL MUNDO**
Alcalá 89
Salamanca ③
+34 915 775 008
www.lamejortartadechocolatedelmundo.com

Mit dem »besten Schokoladenkuchen der Welt« von Carlos Braz Lopes wurden schon viele Geburtstage gefeiert. Seine Kuchen mit dem unnachahmlich intensiven Schokoladengeschmack sind von Australien über Frankreich bis Angola und Brasilien erhältlich und haben schon zahllose Leckermäuler verführt. Tolle Schokobaisers.

93 **LA DUQUESITA**
Fernando VI 2
Centro ①
+34 913 080 231
laduquesita.es

Die berühmte Madrider Bäckerei La Duquesita gibt es bereits seit 1914. Als Oriol Balaguer im Jahr 2016 das Steuer übernahm, behielt er die Traditionen des Hauses bei. Kreativität und Innovation sind bei seinen Desserts, Schokoladen und Süßigkeiten von größter Bedeutung.

94 **ROCAMBOLESC**
EL CORTE INGLÉS
Serrano 52
Salamanca ③
+34 915 765 234
www.rocambolesc.com

Im Gourmet Experience im obersten Stockwerk des Kaufhauses Corte Inglés befindet sich diese kreative Eisdiele der Familie Roca. Egal, ob Sie den Kombinationsvorschlägen der Profis folgen oder Ihr eigenes Eis zusammenstellen – ein Erlebnis für wahre Feinschmecker.

95 **LOLO POLO**
Léon 30
Centro ①
+34 910 219 408
lolopolosartesanos.es

In dieser Eisdiele in Malasaña gibt es hausgemachtes Eis am Stiel aus frischen Früchten der Saison, das ohne Zusatz- oder Farbstoffe und mit sehr wenig Zucker auskommt. Klingt zu gesund? Dann werden Sie einige der originellen Mischungen wie Gurke und Limette oder Himbeere und Jamaika-Wasser angenehm überraschen.

5 der besten

DELIKATESSEN-GESCHÄFTE

96 **FRINSA LA CONSERVERA**
Lagasca 52
Salamanca ③
+34 917 527 793
www.laconservera.es

Das Beste, was Galicien zu bieten hat – in der Dose. Die galicische Firma Frinsa (seit 1961 der größte Hersteller Europas) produziert Fischkonserven bester Qualität – eine echte Delikatesse. Der kleine Gourmetladen verkauft die gesamte Frinsa-Produktpalette. Ein großartiges Mitbringsel!

97 **LA MELGUIZA**
Santiago 12
Centro ②
+34 915 479 323
www.lamelguiza.es

In der Nähe des Marktes von San Miguel verkauft dieses kleine und minimalistische Feinkostgeschäft einen Schatz, der einst teurer als Gold war: Safran. Das spanische Gold können Sie hier pur für 10 Euro pro Gramm erstehen. Außerdem erhältlich: Olivenöl, Schokolade oder Würstchen mit Safran.

98 **CRISTINA ORIA**
Conde de Aranda 6
Salamanca ③
+34 914 356 621
www.cristinaoria.com

2011 gewann die Betreiberin Cristina mit ihrer Foie gras mi-cuit mit Gelatine aus drei Sauternes-Weinen den ersten Preis von Madrid Fusión. Diese Foie gras gilt als beste der Welt (im Shop erhältlich).

99 **MANTEQUERÍAS BRAVO**

Ayala 24
Salamanca ③
+34 915 758 072
bravo1931.com

Seit 1931 hat sich dieser Tante-Emma-Laden zu einer der ersten Adressen Madrids für internationale Produkte wie Soßen, Tees, Konserven oder Mortadella aus Bologna gemausert. Riesige Auswahl an konservierten oder getrockneten Zutaten, wie sie auch in typischen Gerichten verwendet werden.

100 **TIENDA PONCELET**

Argensola 27
Centro ①
+34 913 080 221
poncelet.es

Madrids Käseparadies. Markantes, ungewöhnliches Shop-Design, bei dem der Käse, nach Regionen sortiert, wie Schmuck präsentiert wird. Egal, was Sie suchen, hier werden Sie garantiert fündig, denn im Angebot sind etwa 280 Sorten! Zugehöriges Restaurant Cheese Bar in der Calle de José Abascal 61.

99 MANTEQUERÍAS BRAVO

Die 5 besten
BÄCKEREIEN

101 **PANIC**
Conde Duque 13
Centro ①
+34 910 862 201

Diese kleine Bio-Bäckerei ist einer der Trendsetter für Sauerteigbrot in Madrid. Im Angebot sind nur sechs einfache Brotsorten, denn hier steht einzig der Geschmack im Vordergrund. Deswegen gibt es auch keine weiteren Zusätze wie Nüsse, Körner oder Früchte.

102 **EL HORNO DE BABETTE**
Ayala 79
Salamanca ③
+34 918 282 096
elhornodebabette.com

Anfänglich lehrte Beatriz in ihrer Kochschule, wie man Brot backt. Damit hatte sie so großen Erfolg, dass sie heute vier Bäckereien besitzt, darunter eine, die auch Backzubehör verkauft. Zum Angebot gehört auch eine Käseauswahl.

103 **LEVADURA MADRE**
Diego de León 61
Salamanca ③
+34 914 014 203
www.levaduramadre.es

Bei Levadura Madre wird der Sauerteig erst geknetet, dann gärt er über Nacht und erst am nächsten Tag wird das Brot gebacken – ein langsamer Prozess. Während dieser 24 Stunden entwickeln sich die Aromen im Teig, und so entsteht eines der besten Brote der Stadt.

104 CELICIOSO

Barquillo 19
Centro ①
+34 915 322 899
www.celicioso.com

Die erste 100 Prozent glutenfreie Bäckerei in Madrid gehört zu den Only You Boutique Hotels. Breites Angebot an frischem, glutenfreiem Gebäck. Hier ist für jeden etwas dabei: Kuchen, Cupcakes, Kekse, Schokolade, Brot und herzhafte Brotvarianten zum sofortigen Verzehr oder zum Mitnehmen.

105 QUADRA PANIS

Lepanto 4
Centro ②
+34 913 624 260
www.quadrapanis.com

Nuncio, der italienische Gründer von Quadra Panis, ist immer in Bewegung – und deshalb knetet er an einem Tag bis zu 180 verschiedene Brotsorten. Seine Bäckerei ist nach dem Weißbrot benannt, das die Patrizier im alten Rom täglich aßen.

101 **PANIC**

16·10·1793
H·E·A·D
H·E·A·R·T
T·A·I·L

70 ORTE FÜR EINEN DRINK

5 *wunderbare* CAFÉS *und* TEEHÄUSER

106 **TOMA CAFÉ**
La Palma 49
Centro ①
+34 917 049 344
www.tomacafe.es

Schon die vielen davor geparkten Fahrräder lassen ahnen, wie beliebt dieses Café bei Hipstern ist. Ihre Ahnung bestätigt sich spätestens, wenn Sie es sich auf den Vintage-Möbeln bequem gemacht haben, während der Barista einen exzellenten Espresso für Sie zaubert.

107 **SALÓN DES FLEURS**
Guzmán el Bueno 106
Chamberí ⑤
+34 915 352 348
www.salondesfleurs.es

Auf den zweiten Blick entpuppt sich dieser Blumenladen als romantischer, charmant eingerichteter und sehr gemütlicher britischer Tearoom. Probieren Sie grünen Tee mit Champagner- und Erbeergeschmack und dazu ein Stück vom hausgemachten Kuchen. Die meisten der Objekte im Shabby-Chic-Look stehen zum Verkauf.

108 **VAILIMA**
Salustiano Olózaga 18
Salamanca ③
+34 913 090 955
www.vailima.es

Über 150 Teevarianten aus aller Welt. In der Einrichtung mischt sich der Stil eines romantisches Pariser Bistros mit Schachbrettmusterböden, Ziegelsteinwänden und gusseisernen Möbeln. Unbedingt den Kuchen oder die Croissants probieren – beides ist hausgemacht!

109 PUM PUM CAFÉ

Tribulete 6
Centro ②
+34 911 999 854
www.pumpumcafe.com

Vegetarisches Café in einer ehemaligen Metzgerei. Frisch gerösteter und gemahlener Bio-Kaffee von einem kleinen Madrider Hersteller. Die Milch stammt aus der Sierra de Madrid. Unaufdringlicher Charme mit Ziegelsteinwänden und alten Schulstühlen.

110 HANSO CAFÉ

Pez 20
Centro ①
+34 911 375 429

Das Café im Industriedesign mit gefliesten Wänden und großzügigen, bei schönem Wetter geöffneten Fenstern gehört drei befreundeten chinesischen Unternehmern, die hervorragenden Kaffee aus Nicaragua, Kenia, Kolumbien und Äthiopien anbieten – und den Espresso mit einer klassischen La-Marzocco-Maschine zubereiten. Perfekte Mischung aus spanischer und chinesischer Kultur.

110 HANSO CAFÉ

5 gemütliche CAFÉS IN BUCHLÄDEN

111 **SWINTON UND GRANT**
Miguel Servet 21
Centro ②
+34 914 496 128
planet.swintonandgrant.com

»Swinton« heißt die Galerie für zeitgenössische Kunst und »Grant« die Buchhandlung mit Bänden über urbane und zeitgenössische Kunst, Comics und Graphic Novels, beides befindet sich in einem Industriegebäude im Stadtteil Lavapies. Das Café im Erdgeschoss heißt »Cuiadando Grant«.

112 **TIPOS INFAMES**
San Joaquín 3
Centro ①
+34 915 228 939
www.tiposinfames.com

Die »tipos infames«, die berüchtigten Typen, sind Alfonso, Gonzalo und Francisco. Ihre Buchhandlung ist auf Literatur unabhängiger Verlage spezialisiert und organisiert Ausstellungen, Verkostungen und Lesungen. An den Tischen zwischen den Bücherregalen wird mindestens genauso viel Wein wie Kaffee konsumiert.

113 **LA FABRICA**
Alameda 9
Centro ②
+34 912 985 523
www.lafabrica.com

Café, Laden mit großer Auswahl an Kunstbüchern und dazu eine Fotogalerie. Seit der Eröffnung 1995 beherbergt La Fabrica wechselnde kulturelle Projekte, vor allem aus den Bereichen Fotografie, bildende und darstellende Kunst, Literatur, Kino und Musik.

114 OCHO Y MEDIO LIBROS DE CINÉ

Martín de los Heros 11
Centro ①
+34 915 590 628

Ein Paradies für Kinofans – Bibliothek mit Drehbüchern und jede Menge Lesestoff rund um das Thema Film. Zwei Cafés: das Via Margutta mit seinen großartigen italienischen Tramezzini und das El Gatopardo. Im Sommer ist der große Außenbereich an der Calle de Martín geöffnet.

115 LA CENTRAL – EL BISTRÓ

Postigo de San Martín 8
Centro ②
+34 917 909 922
www.lacentral.com

La Central verfügt auf 1200 qm über einen Bestand von mehr als 70 000 Bänden aus den Bereichen Philosophie, Geschichte, Sozialwissenschaften und Belletristik. Neben dem Café und Restaurant El Bistró ist in dem dreigeschossigen Gebäude auch die Cocktailbar El Garito untergebracht. Hier finden viele kulturelle Veranstaltungen statt.

115 LA CENTRAL – EL BISTRÓ

5 extravagante Bars
ÜBER DEN DÄCHERN
der Stadt

116 **NICE TO MEET YOU**
DEAR HOTEL
Gran Vía 80
Centro ①
+34 638 908 559
www.dearhotelmadrid.com

Von der Terrasse im 14. Stock des Hotels aus können Sie Ihren Blick über die Plaza de España und die Casa de Campo bis in die Sierra schweifen lassen – am besten bei Sonnenuntergang! Restaurant und Cocktailbar sind öffentlich zugänglich.

117 **LA TERRAZA**
THE PRINCIPAL
Marqués de Valdeiglesias 1
Centro ①
+34 915 218 743
www.theprincipalmadridhotel.com

Elegante Terrasse mit Oliven- und Zypressenbäumchen, schmiedeeisernen Tischen und roten Sonnenschirmen. Atemberaubender Ausblick auf die Gran Vía und das Metropolis-Haus – ideal für einen Drink, am besten bei Sonnenuntergang. Kosmopolitisches Flair, gute Cocktails, chillige Musik.

118 **TERRAZA CASA SUECIA**
NH COLLECTION MADRID
Marqués de Casa Riera 4
Centro ②
+34 912 000 570
www.nh-hotels.de

Von der sich über zwei Ebenen erstreckenden Dachterrasse aus hat man einen unvergleichlichen Blick. Supergemütliche, tropisch anmutende Ausstattung: rosa Sofas, flauschige Kissen, Tischplatten mit bunten Fliesen, viel Grün. Tolle Cocktails.

119 **SALVADOR BACHILLER**

Montera 37
Centro ②
+34 915 323 399
www.jardindesalvadorbachiller.com

Die Gegend um die Calle Montera hat in den letzten Jahren eine Aufwertung erfahren. Hier finden Sie Salvador Bachillers Laden für Taschen und Koffer, in dessen oberstem Stockwerk sich eine bepflanzte, ruhige Terrasse versteckt – eine grüne Oase für den Nachmittagstee und einen süßen Snack.

120 **CÍRCULO DE BELLAS ARTES**

Alcalá 42
Centro ②
+34 915 301 761
www.circulobellasartes.com

Eine der wenigen Dachterrassen in Madrid mit einem 360-Grad-Blick auf die Stadt. Auf dem 56 m hohen Gebäude thront Minerva, die römische Göttin der Weisheit und Kunst, und wacht über Javier Muños Caleros ungezwungenes Restaurant mit Cocktailbar.

118 **TERRAZA CASA SUECIA**

Die 5 coolsten
SPEAKEASYS

121 **THE DASH**
Murillo 5
Chamberí ⑤
+34 687 949 064
www.thedash.es

»Dash« bedeutet im Barkeeper-Slang so viel wie »eine Prise«. Eine der ersten Adressen für neu interpretierte klassische Cocktails. Kleine Lounge mit spektakulärer Bar im Stil der Siebzigerjahre, niedrigen Tischen, schummriger Beleuchtung und guter Musik.

122 **SALMÓN GURÚ**
Echegaray 21
Centro ②
+34 910 006 185
www.salmonguru.es

Diego Cabrera ist allen Madrider Cocktail-Liebhabern wohlbekannt. Auf der Karte der Bar stehen 25 Klassiker, Neukreationen und alkoholfreie sowie tolle Champagner-Cocktails. Zum Angebot gehören außerdem Limited Editions ebenso wie Marken, die nicht mehr hergestellt werden. Unkonventionelle Einrichtung mit Anklängen an das New York der Sechziger- und Achtzigerjahre.

123 **1862 DRY BAR**

Pez 27
Centro ①
+34 609 531 151

Hier geben sich berühmte Mixologen die Klinke in die Hand – die 1862 Dry Bar ist die bekannteste Cocktailbar Madrids. »1862« bezieht sich einerseits auf das Baujahr des Hauses, andererseits auf das Jahr, in dem das erste Buch über Cocktails veröffentlicht wurde. Großartige, entspannte Atmosphäre.

124 **V MANNEKEN**

Marqués de Santa Ana 30
Centro ①
+34 615 642 480

Tagsüber stehen hier Antiquitäten und restaurierte Möbel zum Verkauf, um 17 Uhr öffnet dann die kleine Cocktailbar. Auf der Karte stehen 40 beliebte Cocktailklassiker der Zwanziger-, Dreißiger- und Vierzigerjahre, wie Dry Martini oder Tom Collins. Hier fühlen Sie sich wie zu Gast im Heim eines dekadenten Aristokraten.

125 **MACERA**

San Mateo 21
Centro ①
+34 910 115 810
www.maceradrinks.com

Wie macht man innovative Cocktails? Das Macera beantwortet diese Frage mit eigenen Kreationen aus Gin, Whiskey, Rum, Wodka und Martini mit Früchten der Saison (Beeren, Äpfel, Jalapeños, Limetten) und Gewürzen (Koriander, Kardamom und sogar Oliven). Wirklich einzigartig!

125 **MACERA**

127 **ULTRAMARINOS QUINTIN**

5 *empfehlenswerte*

AFTER-WORK-BARS

126 **LATERAL CASTELLANA**
Paseo de la Castellana 42
Salamanca ③
+34 915 752 553
www.lateral.com

Hier findet sich ein bunt gemischtes Publikum ein, obwohl das Lateral in einem Viertel mit vielen Banken und Kanzleien liegt. Bei schönem Wetter trifft man sich hier auf der Terrasse. Tolle Auswahl an Tapas und *raciones* (Gerichte zum Teilen), dazu Wein (glasweise erhältlich), Bier und Cocktails.

127 **ULTRAMARINOS QUINTIN**
Jorge Juan 17
Salamanca ③
+34 917 864 624
ultramarinosquintin.es

Bar, Restaurant und Feinkostladen in einem – das Quintin, ein Projekt von Sandro und Marta im schicken Gastronomieviertel rund um die Calle de Jorge Juan, ist von morgens bis abends immer gut besucht. Hierher kommen auch lokale Berühmtheiten und Prominente auf einen Drink – und wenn es voll wird, wird die Bar auch schon mal auf die Straße erweitert.

128 PLATEA

Goya 5–7
Salamanca ③
+34 915 770 025
plateamadrid.com

In dem ehemaliges Kino mit 6000 qm Fläche befindet sich ein Gourmettempel: ein ganzes Gastronomiezentrum mit verschiedensten Restaurants und Bars – eines der ambitioniertesten Projekte seiner Art in ganz Europa. Nachmittags und abends DJ-Sets oder Livemusik.

129 EL PELICANO

HOTEL MELIÁ CASTILLA
Poeta Joan Maragall 4
Tetuán ⑥
+34 912 031 974
www.elpelicano madrid.com

Tolles Restaurant und Bar im Hotel Meliá Castilla in Madrids Geschäfts- und Finanzviertel. Anspruchsvoll und komfortabel, mit einer spektakulären, im Stil eines Beachclubs gestalteten Terrasse. Empfehlenswert für Geschäftsessen und zum Netzwerken.

130 PICALAGARTOS SKY BAR

HOTEL NH COLLECTION
Gran Vía 21
Centro ②
+34 915 301 761
www.picalagartos.com

In dieser coolen Dachbar im 9. Stock des Hotels sollten Sie sich bei Sonnenuntergang mit einem Aperol Spritz unter das internationale Publikum mischen. Hier haben Sie außerdem einen (in Madrid seltenen) atemberaubenden 360-Grad-Blick auf die Stadt, das Telefónica-Gebäude und die Gran Vía.

5 Clubs, in denen BIS ZUM MORGEN gefeiert wird

131 **OPIUM MADRID**
José Abascal 56
Chamberí ⑤
+34 917 525 322
opiummadrid.com

Das Opium gilt als der exklusivste Club der Stadt. Nach Mitternacht ist hier richtig viel los, auf der Haupttanzfläche läuft, je nach Party und DJ, meist angesagte House- und Dance-Musik. Ein Restaurant gehört ebenfalls zum Club.

132 **CHA CHÁ THE CLUB**
Alcalá 20
Centro ②

Privater Club der Underground-Szene Madrids in einem ehemaligen Theater mit exklusiven Freitagabend-Sessions. Teil der Re-Movida-Madrileña-Bewegung und der unglaublich kreativen Musikszene der Stadt. Rein darf nur, wer auf der Liste steht und die Clubregeln akzeptiert.

133 **SIROCO**
San Dimas 3
Centro ①
+34 915 933 070
siroco.es

Seit über 25 Jahren eine Institution der spanischen Musikszene. Lounge im Erdgeschoss und Club im Keller, leistungsstarkes Soundsystem, das speziell für DJs und Livemusik entwickelt wurde, und die innovativsten Electro-Sessions der Stadt.

134 **GRAF**

María de Molina 50
Chamberí ⑤
+34 692 383 870
https://madrilux.com/de/clubs/graf-madrid

Die Reichen und Schönen Madrids verbringen hier ihre Nächte und tanzen zu Electro-Hits. Alles, was man von einem Top-Club erwarten kann: eine lange Schlange am Eingang, VIP-Tische, schick gekleidete Gäste, die tanzen, plaudern, flirten und einfach Spaß am Leben haben.

135 **FORTUNY**

Fortuny 34
Salamanca ③
+34 913 192 651
www.fortunyrestaurantclub.com

Das in einer Privatvilla gelegene Fortuny ist Restaurant und gleichzeitig traditioneller Club für ein Publikum Anfang dreißig, wo man ebenso gut etwas trinken wie auch tanzen kann. Im Sommer ist der schöne Garten im Innenhof die Attraktion.

5

CERVECERÍAS

mit richtig gutem Bier

136 **FÁBRICA MARAVILLAS**
Valverde 29
Centro ①
+34 915 218 753
www.fmaravillas.com

Craft-Beer-Brauerei nach dem Konzept eines Brewpubs – die Brauerei ist durch ein Glasfenster von der Bar getrennt – mit schöner Auswahl an verschiedenen Bieren, die Sie vor Ort probieren können.

137 **KÄLLA**
Barbieri 20
Centro ①
+34 915 210 132
www.cerveceriakalla.com

Källa bedeutet auf Schwedisch »Herkunft«. Die hausgemachten Craft-Beer-Sorten Origen (IPA), Ritual (Ale) und Esencia (Lager) können Sie in der gemütlichen Bar mit den markanten Biertanks bestellen – dazu am besten auch gleich ein paar Tapas von der kleinen Speisekarte, und der Abend ist perfekt.

138 **LA TAPE**
San Bernardo 88
Centro ①
+34 915 930 422
www.latape.com

Eine der ersten Madrider Cervecerías, die Bier von fünf Kontinenten im Angebot hatte. In der auf Straßenniveau gelegenen Bierbar gibt es drei spanische und drei ausländische Biere vom Fass sowie eine siebte Sorte nach Art eines englischen Bieres, die ohne CO_2 von Hand gezapft wird.

139 BAR MARTIN

Menéndez Pelayo 17
Retiro ④
+34 915 731 167

Die 1940 gegründete Bar wird nun bereits in dritter Generation von der Familie Jiménez geführt. Zum klassischen Mahou-Bier passt eine Empanada besonders gut. Die Tapas zu den Getränken sind, wie in Spanien üblich, kostenlos. An sonnigen Wochenenden wird es hier zum traditionellen Aperitivo vor dem Mittagessen schnell voll.

140 CERVECERÍA SANTA BÁRBARA

Plaza de Santa Bárbara 8
Centro ①
+34 913 190 449
cerveceriasantabarbara.com

Die 1815 gegründete Brauerei ist legendär. Die Kellner mit ihren unverwechselbaren weißen Jacken und den roten Epauletten gehören hier einfach dazu, einige von ihnen bedienen hier schon seit mehreren Jahrzehnten. Seit 1950 Treffpunkt für Intellektuelle, Studenten und Politiker.

140 CERVECERÍA SANTA BÁRBARA

5 der besten
WEINBARS

141 **VINO & COMPAÑIA**
Plaza de Olavide 5
Chamberí ⑤
+34 914 441 278
vinoycompania.
blogspot.com

Weinhandlung mit fast 800 Weinen aus aller Welt sowie Cava und Champagner. Jeden Freitag um 21 Uhr Weinprobe. An diesen sogenannten »Weinfreitagen« verkosten Sie zwei Stunden lang sechs verschiedene Rot- und Weißweine sowie Sekt. 25 Euro pro Person.

142 **THE HACIENDA WAREHOUSE**
María de Molina 25
Chamartín ⑦
+34 914 365 922
www.the-haciendas.
com/zoritas-kitchen/
madrid.php

Das Warehouse befindet sich im Erdgeschoss und Garten einer Stadtvilla. Schlichtes und elegantes Farm-to-Table-Restaurant mit Erzeugnissen des Biobauernhofs Hacienda Zorita. Hier steht der Wein im Vordergrund. Die edlen Tropfen stammen aus Madrid, Andalusien, Rioja, Ribera del Duero und Frankreich.

143 **ANGELITA**
Reina 4
Centro ①
+34 915 216 678
madrid-angelita.es

Weinbar im Zentrum von Madrid mit äußerst umfangreichem Angebot: 25 Weine im Glas und ein Keller mit 500 Weinen aus aller Welt, dazu Weine von kleinen Produzenten und eine große Auswahl an Burgundern.

144 LAVINIA

José Ortega y Gasset 16
Salamanca ③
+34 914 260 599
www.lavinia.es

Lavinia ist der wahrscheinlich größte Weinhändler Spaniens. Zu dem riesigen Weinladen gehören eine Weinbar und ein Restaurant, das ein tolles Degustationsmenü namens »Rutas« (Reisewege) anbietet: Sie probieren ein paar gute Tropfen und erfahren dabei etwas über Trauben, Weinregionen, und -sorten, zum Beispiel über Jerez und Shiraz oder Weißwein aus der Rioja.

145 EL QUINTO VINO

Hernani 48
Tetuán ⑥
+34 915 536 600
www.elquintovino.com

In der an das Restaurant angeschlossenen Bar sollten Sie sich ein Gläschen *vino* (immer etwa 10 bis 12 Weine glasweise erhältlich) und ein paar Tapas gönnen. An der Theke gibt es auch Gerichte von der Restaurantkarte im Miniformat. Sehr netter und zuvorkommender Service.

143 ANGELITA

5 *Adressen für ein*
GLÄSCHEN WERMUT

146 **BODEGA DE LA ARDOSA**
Colón 13
Centro ①
+34 915 214 979
www.laardosa.es

Eine der wenigen noch erhaltenen – und vielleicht die berühmteste – von den ursprünglich 36 seit 1892 gegründeten Bodegas mit Wermut-Ausschank. Die Tradition der weinroten Fassadenfarbe der Tavernen geht auf die Mitte des 19. Jh. zurück, sie half der damals großenteils analphabetischen Bevölkerung, Tavernen zu erkennen.

147 **BODEGAS RICLA**
Cuchilleros 6
Centro ②
+34 913 652 069

Diese kleine, 1863 gegründete Bar hat keine Sitzplätze, dafür aber zwei schöne, mit Fliesen verzierte Theken, die Wände schmücken Gläser und Weinflaschen. Hier sollten Sie den hochwertigen katalanischen Yzaguirre-Wermut und *cecina* (dünne Rinderschinkenscheiben) probieren.

148 ALIPIO RAMOS

Ponzano 30
Chamberí ⑤
+34 914 414 961

Bei Alipio Ramos werden seit 1916 Weine und Spirituosen verkauft. Die Deko aus alten Schnapsfässern und Registerkasse, Flaschen und einer Tafel, auf der die Tabellenplätze der Fußballmannschaften der ersten und zweiten Liga angeschrieben sind, zeugt von der langen Geschichte dieses Ladens. Perfekt für ein entspanntes Gläschen Wermut am Wochenende.

149 STOP MADRID

Hortaleza 11
Centro ①
+34 915 218 887
www.stopmadrid.es

Das ursprünglich 1929 als Schinken- und Feinkostladen eröffnete Stop Madrid hat sich sein ursprüngliches Erscheinungsbild mit Marmorausstattung erhalten. Bestellen Sie einen Miró-Wermut und dazu ein paar Tapas (die aktuellen Angebote stehen auf der schwarzen Tafel).

150 ÁNGEL SIERRA

Gravina 11
Centro ①
+34 915 310 126
tabernadeangel sierra.es

In dieser 1917 gegründeten Taverne in der Nähe der Plaza de Chueca trifft sich ein junges Publikum auf ein paar Tapas. Ideal für ein Glas Vermut de Reus und dazu eingelegten Thunfisch und Anchovis. Alter Weinkeller mit historischen Objekten und einer schönen Sammlung alter Wermutflaschen.

149 **STOP MADRID**

5 *besonders*
AUTHENTISCHE BARS

151 **MUSEO CHICOTE**
Gran Vía 12
Centro ①
+34 915 326 737
museochicote.com

Die vielleicht legendärste Bar Madrids wurde 1931 eröffnet. Hemingway, Onassis, Loren, Hayworth, Sinatra, Gardner und Peck – sie alle waren hier. Ursprünglich hieß sie Bar Chicote, nach ihrem Gründer Perico Chicote, einem Barmann aus dem Ritz. Schließlich benannte er sie wegen der Sammlung von mehr als 20 000 Flaschen in »Museum« Chicote um.

152 **BAR COCK**
Reina 16
Centro ①
+34 915 322 826
www.barcock.com

1921 eröffnete Señor Emilio Saracho diese Bar zusammen mit dem Barkeeper Perico Chicote, der 1945 alleiniger Eigentümer wurde. Die Atmosphäre erinnert an einen englischen Club: dunkle Vorhänge, elegante Ledersofas und ein Marmorkamin.

153 **DRY MARTINI**
HOTEL GRAN MELÍA FÉNIX
Hermosilla 2
Salamanca ③
+34 914 316 700
www.drymartini org.com

Das Dry Martini im Hotel Gran Melía Fénix ist eine Bar des nationalen Cocktailmeisters Javier de las Muelas und basiert auf dem gleichen Konzept wie seine erste Bar in Barcelona. Den Dry Martini gibt es hier sowohl in klassischen als auch in innovativen Varianten.

154 **JOSÉ ALFREDO**
Silva 22
Centro ①
+34 915 214 960
www.josealfredo bar.com

Vor mehr als zehn Jahren ebnete das José Alfredo mit seinen hochqualitativen Getränken den Weg für eine neue, innovative Cocktailszene in Madrid. Die grünen Sofas gibt es immer noch, ebenso wie die Stammgäste aus dem Viertel – und das José Alfredo ist mittlerweile eine Institution. Im Hintergrund laufen Jazz, R'n'B und Lounge Soul.

155 **TONI2**
Almirante 9
Centro ①
+34 915 320 011
www.toni2.es

Für alle, die gerne um 3 Uhr morgens singen oder auf dem Klavier spielen möchten. Klassische Bar, in der sich Menschen aller Couleur und Altersgruppen treffen und gerne auch mal um das Klavier herum versammelt spanische oder englische Evergreens zum Besten geben. Egal, wie die Darbietung ausfällt, Sie werden hier einen großartigen Abend verleben!

Die 5 besten Bars für einen guten GIN TONIC

156 **KIKEKELLER**
Corredera Baja de San Pablo 17
Centro ①
+34 915 228 767
www.kikekeller.com

Dieser coole Möbelladen mit Kunstgalerie verwandelt sich abends in eine Bar (Donnerstag bis Samstag). Die retrofuturistischen Möbel und Designobjekte, Indie-Pop im Hintergrund und das Publikum aus Bewohnern des Viertels Triball und Künstlern – all das sorgt für eine einzigartige und sympathische Atmosphäre.

157 **VÁLGAME DIOS**
Augusto Figueroa 43
Centro ①
+34 917 010 341

Tolles Restaurant und Bar für einen entspannten, abendlichen Gin Tonic. Quirlige Atmosphäre und Gäste aus allen Bereichen der Gesellschaft, darunter viele Autoren, Schauspieler, Sänger, Models und Designer – was vielleicht daran liegt, dass die Besitzer aus der Modeszene kommen.

158 **DEL DIEGO**
Reina 12
Centro ①
+34 915 233 106
www.deldiego.com

Kellner in makellosen weißen Jacketts nehmen Sie in Empfang und bringen Sie an Ihren Tisch. Fernando del Diego, ehemals Barmann im berühmten Museo Chicote, wurde mit dieser Cocktailbar zum Star. Gin in Premiumqualität.

159 **GINKGO SKY BAR**
HOTEL VP PLAZA ESPAÑA
Plaza de España 3
Centro ①
+34 915 955 512
www.ginkgoskybarmadrid.com

Das vielleicht beeindruckendste Restaurant inklusive Rooftop-Bar von Madrid, denn hier bekommen Sie eine atemberaubende 360-Grad-Aussicht vom 12. Stock des Hotels VP Plaza España zu Ihrem Gin Tonic dazu. Fantastisch schöne Terrasse und Swimmingpool.

160 **SANTAMARÍA LA COCTELERÍA DE AL LADO**
Ballesta 6
Centro ①
+34 911 660 511

Unweit des tollen Sandwichladens El Porrón Canalla befindet sich diese für ihre Gin Tonics berühmte Cocktailbar – hier beschränkt man sich auf das Wesentliche und kommt ohne weitere Zutaten aus. Elegant, köstlich und trotzdem erschwinglich.

156 **KIKEKELLER**

5 tolle Orte im Studentenviertel

MALASAÑA

161 **BAR GALLETA**
Corredera Baja de San Pablo 31
Centro ①
+34 619 830 503
www.bargalleta.com

In der Bar Galleta an der trendigen Corredera Baja de San Pablo können Sie ebenso gut frühstücken wie auch abends etwas trinken gehen. Oder bei einer Entdeckungstour im Viertel hier eine Pause einlegen. Gemütliche Vintage-Einrichtung und leckere hausgemachte Desserts.

162 **EL COCONUT BAR**
San Roque 14
Centro ①
+34 651 829 373

Die hawaiianische Inneneinrichtung ist wirklich sehenswert: Korbstühle, Plastikpalmen und Schieferboden, dazu Einrichtungsstücke aus Las Vegas und L.A. im Stil der Fünfziger- und Sechzigerjahre. Hier schmeckt der erste Drink des Wochenendes besonders gut!

163 **CORAZÓN**
Valverde 44
Centro ①
+34 637 688 019
www.saloncorazon.com

Traditionelle Einrichtung irgendwo zwischen Taverne und englischem Pub. Junges, modebewusstes Publikum – der perfekte Ort, um in Malasaña in den Abend zu starten.

164 TUPPERWARE

Corredera Alta
de San Pablo 26
Centro ①
+34 625 523 561
www.tupperware club.com

Tupperware ist der Popkulturtempel von Malasaña, zur Deko gehören alte Fernseher, Naranjito-Porzellanfiguren, Lavalampen und Star-Trek-Actionfiguren. Als es vor zehn Jahren eröffnete, galt es als ziemlich schräg, heute treffen sich hier Freigeister.

165 CAFÉ MODERNO

Plaza de las
Comendadoras 1
Centro ①
+34 693 528 169

Der Außenbereich des Café Moderno zieht an schönen Sommertagen und -abenden eine Menge fröhliche Menschen an – und ist einer der wenigen großen Terrassen, die auch im August geöffnet haben. Fans von Mahou-Bier kommen hier auf ihre Kosten (sonst wird keine Biermarke angeboten), und auf der Karte finden Sie mittags und abends Snacks.

162 EL COCONUT BAR

5

LGBTQ-BARS

im Stadtviertel Chueca

166 **BEARBIE**
Plaza de Pedro Zerolo 2
Centro ①
+34 620 812 537

Bartfreunde aufgepasst! Dieser Schwulenclub mit Tanzbar ist sehr populär unter Bären und Liebhabern von viel Körperbehaarung. Zwei Tanzflächen mit viel Platz, nur freitags, samstags und sonntags geöffnet. Ab 3 Uhr früh ist die Stimmung hier besonders gut.

167 **OCHOYMEDIO**
Barceló 11
Centro ①
ochoymedioclub.com

Cooler Indie-Club. Hier dominieren Flannelhemden und Hornbrillen, Hipster mischen sich mit queeren Gästen und alle tanzen zu Electro-Clash und -Pop der Achtziger- und Neunzigerjahre.

168 **BARBANARAMA**
San Bartolomé 8
Centro ①
+34 677 210 164

Hier leben die Klassiker der Popmusik weiter, wie auch der Hit *Venus* der Kombo Bananarama, der die Bar ihren Namen verdankt. Bier für 1,50 Euro und Mixgetränke für 5 Euro. Die Inneneinrichtung versetzt Sie nach Miami, denn sie ist sowohl von der Stadt selbst als auch von der TV-Serie *Miami Vice* inspiriert.

169 DELIRIO

Libertad 28
Centro ①
deliriochueca.com

Donnerstagsabends, wenn viele andere Clubs geschlossen haben, ist das Delirio eine gute Alternative. Es hat von Mitternacht bis in die frühen Morgenstunden geöffnet, unter der Woche ist der Eintritt kostenlos. Das Delirio veranstaltet außerdem von Donnerstag bis Samstag DLRO Live (Calle de Pelayo 59) mit Shows und Gogo-Tänzern. Gemischtes Publikum.

170 FULANITA DE TAL

Regueros 9
Centro ①
+34 913 195 069
fulanitadetal.com

Das seit 2004 bestehende Fulanita de Tal ist eine nationale Institution der LGBTQ-Gemeinde. In der Bar und im Konzertsaal finden Live-Shows statt, beispielsweise kleine Theateraufführungen und Konzerte. Vor allem bei lesbischen Gästen beliebt.

5 *coole*

HIPSTER-BARS

171 **LA BICICLETA**
Plaza de San Ildefonso 9
Centro ①
+34 915 329 742

Fahrräder, Kaffee und Kunst – um diese drei Dinge dreht sich alles bei La Bicicleta. Freelancer kommen zum Arbeiten her und treffen auf Fahrradfreunde, und in der Galerie finden Ausstellungen aufstrebender Künstler statt.

172 **GORILA**
Corredera Baja de San Pablo 47
Centro ①
+34 915 228 829

Ob Frühstück, Bier oder ein Snack – hier im Gorila sind Sie zu jeder Tageszeit goldrichtig. Während der Happy Hour gibt es zwei Cocktails zum Preis von einem – empfehlenswert sind die Frozen Mojitos und die Daiquiris. Inneneinrichtung mit viel Holz und Stahl, dazu alte Stühle und Street-Art von Mr Hazelnut.

173 **NAIF**
San Joaquín 16
Centro ①
+34 910 072 071

Klasse Burger und Bier, dazu industrielles Flair mit Graffiti an den Wänden. Die Burger sind im Vergleich zu anderen Lokalen eher handlich. Probieren Sie unbedingt den Trüffelburger!

174 **CAZADOR**
Pozas 7
Centro ①
+34 639 970 916

Hier treffen sich junge kreative Talente, Designer und Künstler, um zu plaudern oder auch bei einem Bierchen neue Leute kennenzulernen. Wandteppiche mit Jagdszenen, Tierhörner und Möbel aus den Siebzigerjahren, metallische Oberflächen und Designerleuchten verleihen dem Interieur eine persönliche Note.

175 **VACACIONES**
Espíritu Santo 15
Centro ①
+34 911 704 015
www.vacacionesbar.com

Hier sieht es aus wie in einer bunten Strandhütte, und tatsächlich ist das Vacaciones ideal, um für ein paar Stunden Urlaub vom Alltag zu nehmen. Ob Kaffee und Sandwiches oder Mojitos und Cocktails – hier ist zu jeder Tageszeit etwas geboten.

175 VACACIONES

#Hello Madrid!

70 ORTE ZUM SHOPPEN

5 großartige
CONCEPT-STORES

176 LAB LAMARCA

Fernando VI 10
Centro ①
+34 917 880 700
www.lablamarca.com

Wer es stilvoll mag, ist im Haus der Brüder Lamarca gut aufgehoben. Hier gibt es nicht nur den nach dem Gebäude benannten Concept-Store mit einer schönen Auswahl an Mode und Lifestyle-Produkten, sondern auch ein Tracy-Anderson-Fitnessstudio und ein Biorestaurant (Roots).

177 EL MODERNO

Corredera Baja de San Pablo 19
Centro ①
+34 913 483 994
elmoderno.es

Sorgfältig zusammengestellte Auswahl an Kleinmöbeln und Deko-Objekten von weltberühmten Marken oder kleinen Designstudios. Außerdem hübscher Schmuck, Spielzeug und Bücher. Großartige Inspirationsquelle für die eigene Inneneinrichtung.

178 DO DESIGN

Fernando VI 13
Centro ①
+34 913 106 217
dodesign.es

Concept-Store und Kunstgalerie: Bei Do Design ist alles aus einem Guss, ob Designelemente, Deko- oder Modeartikel. Der schlicht und schön gestaltete Laden bietet eine sorgfältig kuratierte Auswahl französischer und japanischer Marken. Tolle Adresse für Geschenke.

179 **ISOLÉE**

Claudio Coello 55
Salamanca ③
+34 902 876 136
isolee.com

Auf 600 qm bietet Isolée Artikel rund um Mode, Schönheit, Feinkost und dazu eine Café-Lounge – so wird Einkaufen zum Erlebnis. Besonders große Auswahl an Beauty-Produkten und Delikatessen. Hier finden Sie originelle Geschenke.

180 **AMEN**

San Andrés 3
Centro ①
amenmadrid.com

Gegenentwurf zur globalisierten Modebranche mit ihrem Mangel an individuellen Designs. In dem großen, hellen Raum einer ehemaligen Druckerei bietet das Geschäft eine vielseitige Auswahl an Mode und Accessoires für Männer und Frauen. Außerdem eigener Raum für Kunstausstellungen, Konzerte und DJ-Sets.

176 **EL PARACAIDISTA**

5 *unabhängige* SPANISCHE MODEMARKEN

181 **MASSCOB**
Puigcerdà 2
Salamanca ③
+34 914 358 596
masscob.com

Masscob wurde von Marga Massenet und Jacobo Cobián im nordspanischen La Coruña gegründet. Entspannte, schlichte und romantische Frauenmode mit klaren Schnitten. Die hochwertigen Kleidungsstücke sprechen für sich.

182 **ZUBI DESIGN**
Zurbano 22
Chamberí ⑤
+34 619 405 919
zubidesign.com

Zwei Madrider Schwestern haben mit großer Leidenschaft eine einzigartige Handtaschenmarke kreiert. Alle Rucksäcke und Handtaschen sind mit einem Bild von einer ihrer Reisen und den zugehörigen GPS-Koordinaten bedruckt. Außerdem sehr schöne Accessoires zu den Taschen.

183 **ECOALF**
Hortaleza 116
Centro ①
+34 917 374 108
ecoalf.com/en/p/madrid-store-12

100 Prozent spanisch und 100 Prozent nachhaltig – außerdem ist Ecoalf die wahrscheinlich einzige umweltfreundliche Modemarke der Welt mit richtig coolen Designs. Alle Artikel sind aus recycelten Materialien wie Kunststoff, Fischernetzen, Altreifen und Baumwolle. Coole Jacken- und Westenkollektion für Männer und Frauen.

184 **SCALPERS**
Jorge Juan 7
Salamanca ③
+34 915 789 131
es.scalperscompany.com

2007 von Borja Vázquez und Rafael Medina gegründet. Die Erfolgsgeschichte begann mit einer Krawatte - heute hat die lässig-elegante Marke mit dem Totenkopflogo alles von Bademode über Schuhe bis zu Anzügen im Angebot. Die Hemden sind nach wie vor Bestseller und beliebt bei Prominenten.

185 **BIMANI 13**
Velázquez 43
Salamanca ③
+34 912 981 465
bimani13.com

Während ihres Modestudiums begann Laura Corsini, für sich selbst einfache Shirts aus knitterfreiem Stoff zu nähen - und nach und nach alle ihre Freunde damit einzukleiden. Heute hat sie zwei Geschäfte in Madrid und verkauft ihre eleganten Basics auch online - zu erschwinglichen Preisen. Ein Muss in jeder Damengarderobe!

181 **MASSCOB**

Die 5 besten Modegeschäfte
FÜR IHN

186 **MAN 1924**
Claudio Coello 23
Salamanca ③
+34 915 776 919
www.man1924.com

Carlos Castillo, der Schöpfer und Kreativdirektor von MAN 1924, wurde vom Fashion-Blog *Sartorialist* als einer der elegantesten Männer bezeichnet. Der Schneider ist auf Anzüge und Jacken spezialisiert. Auch Maßkonfektionen.

187 **LANDER URQUIJO**
Claudio Coello 65
Salamanca ③
+34 917 374 430
landerurquijo.com

Das Markenzeichen des erfahrenen Schneiders Lander Urquijo sind moderne Stücke, die dennoch stilvoll und klassisch wirken. Er begann im Alter von 16 Jahren bei einem Schneider in Bilbao und arbeitete später in zwei bedeutenden Madrider Geschäften für Herrenmode: MAN 1924 und Anglomanie.

188 **EL GANSO**
Jorge Juan 15
Salamanca ③
+34 914 358 697
www.elganso.com

Entspannt, stilvoll und budgetfreundlich – die Kleidung von El Ganso ist ein Hit der spanischen Modebranche. Mischung aus amerikanischem Preppy-Look mit alternativer Note und einem Hauch britischer Eleganz. Zu 100 Prozent in Europa hergestellt.

189 ANGLOMANIA

Villanueva 16
Salamanca ③
+34 917 810 765
www.anglomania.es

Seit 2002 besteht eine Bastion britischer Eleganz in Madrid, die für hochwertige Stoffe und die Liebe zum Detail bekannt ist. Auf zwei Stockwerken gibt es an den spanischen Markt angepasste britische Herrenmode, zur Kollektion gehören sowohl klassische als auch moderne, unkonventionelle Stücke. Angeschlossene Schneiderei.

190 OTEYZA

Conde de Xiquena 11
Centro ①
+34 914 488 623
deoteyza.com

Diese erst vor wenigen Jahren gegründete Schneiderei ist das Ergebnis von Maßarbeit in drei Generationen. Hier wird das Schneiderhandwerk neu gedacht und mit viel Fantasie entsteht einzigartige, maßgeschneiderte Kleidung nach den Grundprinzipien Geometrie, Einfachheit und Bewegung.

186 **MAN 1924**

5 Läden mit Designermode

FÜR SIE

191 **NAC**
Hermosilla 34
Salamanca ③
+34 912 302 091
nac.es

Paul Smith, The Hip Tee, Bergamot oder Twin Set sind nur einige der hier angebotenen Marken. Kollektionen im schicken Boho- und Romantikstil, tolle Accessoires. »NAC« ist aus den Anfangsbuchstaben des Namens der Gründerin Nani Vazquéz und den Namen ihrer Kinder gebildet.

192 **EKSEPTION**
Velázquez 28
Salamanca ③
+34 915 774 353
www.ekseption.es

Das wahrscheinlich avantgardistischste Luxusmodegeschäft Madrids, viele einzigartige Stile gibt es zuerst oder überhaupt exklusiv nur hier. Der Flagship-Store ist wie eine Kunstgalerie gestaltet – nur dass die Ausstellungsstücke Céline-Taschen und Aquazzura-Stilettos sind. Gönnen Sie sich eine der raffinierten Duftkerzen.

193 **BENI ROOM**
Velázquez 35
Salamanca ③
+34 910 883 363
beniroom.com

Gründerin Beatriz Nicolás hat besonders Trendiges im Angebot. Von jedem Stil gibt es hier nur wenige Stücke, damit Sie nicht riskieren, bei der nächsten Party im gleichen Outfit wie jemand anderes aufzutauchen.

194 PEZ MUJER
Regueros 15
Centro ①
+34 913 106 677
pez-pez.es

Das in einer 300 qm großen, renovierten Militärapotheke untergebrachte Pez ist seit seiner Eröffnung 2004 die beliebteste Anlaufstelle für Madrids Trendsetter. Unaufgeregt schicke Basics mit Charakter und Geschichte, zum Beispiel Schmuck von Vanrycke oder trendige Golden-Goose-Sneaker. Möbel gibt es bei Pez Casa, Regueros 2.

195 SERRANO 47 WOMAN (EL CORTE INGLÉS)
Serrano 47
Salamanca ③
+34 914 325 490
www.elcorteingles.com

Was Le Bon Marché für Paris oder Selfridges für London ist, ist für Madrid Serrano 47: Der ultimative Luxusladen mit bester Auswahl an spanischen und internationalen Marken im Bereich Fashion und Beauty.

192 **EKSEPTION**

5 × *faszinierende*
SPANISCHE HANDWERKSKUNST

196 **CASA GONZÁLEZ & GONZÁLEZ**
Pelayo 68
Centro ①
+34 910 567 001
www.gonzalez-gonzalez.es

Zeitlose, authentische und funktionale spanische und europäische Dinge des alltäglichen Bedarfs. Alles muss mindestens seit 20 Jahren auf dem Markt sein, sich bewährt haben und immer noch aktuell sein. Nicht verkauft werden hier Neuauflagen oder Produkte, die nur auf alt getrimmt sind.

197 **REAL FÁBRICA ESPAÑOLA**
Cervantes 9
Centro ②
+34 911 252 021
realfabrica.com

Produkte spanischer Marken, die ein Leben lang halten. Bei Real Fábrica Española wird die heimische Handwerkstradition in Ehren gehalten. Was als Online-Shop begann, ist heute eine Institution für traditionelle spanische Lebensmittel, Mode und Wohnaccessoires.

198 **COCOL**
Costanilla de San Andrés 18
Centro ②
+34 919 196 770
cocolmadrid.es

Cocol befindet sich in einer alten Tapisseriewerkstatt mit blauer Holzfassade und großen Fenstern. Aus Naturmaterialien entstehen in traditionellen spanischen Handwerksverfahren Keramiken, Emaille, Mörser, Küchentische, mundgeblasenes Glas, Handtücher und Schuhe.

199 **ESTUDIO BÁLTICO**
Moratín 42
Centro ②
+34 633 053 933
estudio-baltico.com

Laden und Atelier unter Leitung der Möbeldesignerin Ruth Uve. Die angebotenen Objekte basieren zum Teil auf eigenen Entwürfen, sind alle von hoher Qualität und halten ewig. Faire Preise. Ein paar Häuser weiter bietet Uve einen elegant eingerichteten Coworking Space an.

200 **WALK WITH ME**
León 30
Centro ②
+34 910 698 665
walkwithme brand.com

80 Prozent der angebotenen Objekte stammen aus der eigenen Werkstatt, wo großartige, zeitgenössisch interpretierte spanische Handwerkskunst entsteht. Wunderschöne, funktionale, minimalistisch gestaltete Taschen und Accessoires.

197 **REAL FÁBRICA ESPAÑOLA**

5
SCHMUCKGESCHÄFTE
in allen Preisklassen

201 **ARISTOCRAZY**
Serrano 42
Salamanca ③
+34 917 649 548
www.aristocrazy.com

Eine der besten Adressen für hochwertigen und dennoch bezahlbaren Schmuck. Hier finden Sie hübschen und immer superaktuellen Modeschmuck zu günstigen Preisen. Außergewöhnlich schön dekoriertes Geschäft.

202 **APODEMIA**
Goya 27
Salamanca ③
+34 918 274 795
apodemia.com

Die von der Natur inspirierten Schmuckstücke von Apodemia sind eine Hommage an den von Brasilien bis Kanada vorkommenden Apodemia-Falter. Der Schmuck ist romantisch, feminin und dennoch robust. Und auch die Dekoration des Geschäfts bleibt dem Thema Natur treu.

203 **SUAREZ**
Serrano 63
Salamanca ③
+34 917 819 940
www.joyeria suarez.com

Suarez wurde 1943 in Bilbao gegründet und eröffnete 1982 ein erstes Geschäft in Madrid. Seitdem ist Suarez *die* Institution für kostbare Edelsteine, denn hier werden nur die auserlesensten Diamanten und Perlen verwendet. Die Trauringe des spanischen Königspaares stammen aus diesem Hause.

204 **MALABABA**
Serrano 8
Salamanca ③
+34 918 338 524
www.malababa.com

Der erste Madrider Laden wurde 2010 eröffnet, aber Malababa ist bereits seit 1997 für puristischen und minimalistischen Schmuck und Accessoires bekannt. Jede Kollektion hat ihre eigene Note. Am liebsten arbeitet sie mit Leder in verschiedenen Formen und Farben.

205 **ANDRES GALLARDO**
Moratín 17
Centro ②
+34 910 535 352
andresgallardo.es

Der vielleicht avantgardistischste und originellste Juwelier Spaniens. Der gebürtige Murcianer hat eine große Fangemeinde in der Mode- und Filmindustrie. Zu seinen Werken gehören surrealistische Kompositionen aus zerbrochenem Porzellan.

202 APODEMIA
204 MALABABA

5 *farbenfrohe*
BLUMENLÄDEN

206 **MARGARITA SE LLAMA MI AMOR**
Fernando VI 9
Centro ①
+34 913 100 926
www.margaritasellamamiamor.com

Hier werden alle Arten von Pflanzen für drinnen und draußen, Schnittblumen sowie jede Menge Töpfe, Vasen und weiteres Zubehör verkauft – einiges ist bei anderen Floristen nur schwer zu finden. Es gibt sogar Kakteen. Einzigartige, freundliche Atmosphäre.

207 **BRUMALIS**
Conde de Aranda 10
Salamanca ③
+34 659 632 466
brumalis.es

Der spektakulärste Blumenladen Madrids befindet sich in einem alten Antiquitätenladen und wurde von Mariluz und Loreto gegründet, die von Antiquitätenhändlern abstammen. Unnachahmliche Blumenarrangements, Hochzeitsblumenhändler par excellence.

208 **TIRSO DE MOLINA**
Plaza de Tirso de Molina
Centro ②

Insgesamt acht Blumenläden, die täglich geöffnet haben, was praktisch ist, wenn Sie an einem Sonntagnachmittag Blumen kaufen möchten. Vielleicht nicht so vielseitig wie andere, aber Sie bekommen hier dennoch hübsche Sträuße.

209 **SALLY HAMBLETON**
Gabriel Lobo 10
Chamartín ⑦
+34 917 370 679
sallyhambleton.com

Sally Hambleton ist eine leidenschaftliche Floristin, die die Finanzwelt hinter sich ließ, um ihren Traum zu verwirklichen. Besuchen Sie einen der Workshops in der Blumenschule und ihren berühmten Weihnachtsladen!

210 **PLANTHAE**
Doctor Fourquet 30
Centro ②
+34 910 711 830
planthae.com

Schöner und interessanter Laden mit einer großen Auswahl an Pflanzen und anderen Produkten wie Blumentöpfen und originellen Keramiken, der sich selbst als »botanisches Kabinett« bezeichnet. Sonderveranstaltungen und Ausstellungen rund um das Thema Botanik.

206 **MARGARITA SE LLAMA MI AMOR**

Die 5 liebenswertesten
BUCHHANDLUNGEN

211 **PANTA RHEI**
Hernán Cortés 7
Centro ①
+34 913 198 902
www.panta-rhei.es

Buchhandlung mit Schwerpunkt auf zeitgenössischer bildender Kunst, Grafikdesign, Mode und Werbung, dazu die neuesten Kataloge zu Ausstellungen bekannter Künstler, Sonderausgaben und Kinderbücher. Zum Laden gehört eine Galerie, die Illustrationen zeigt.

212 **LIBRERÍA DESNIVEL**
Plaza Matute 6
Centro ②
+34 913 694 290
www.libreria desnivel.com

Dies ist die älteste, am ursprünglichen Standort bestehende Buchhandlung Spaniens. Spezialisiert auf Bergsport und Reisen: In den Regalen finden Sie Bücher, Karten, Zeitschriften, Reiseführer, Handbücher und DVDs. Fachkundige und freundliche Beratung.

213 **PASAJES**
Génova 3
Chamberí ⑤
+34 913 101 245
www.pasajes libros.com

Spezialisiert auf Originalausgaben (Englisch, Französisch, Italienisch, Deutsch, Portugiesisch, Russisch) – eine der wenigen Buchhandlungen mit einer guten Auswahl an internationalen Büchern. Von der *Financial Times* 2012 als eine der fünf besten mehrsprachigen Buchhandlungen der Welt ausgezeichnet.

214 **CERVANTES Y COMPAÑÍA**

Pez 27
Centro ①
+34 910 118 037
www.cervantesycia.com

Kleine Buchhandlung mit einer Auswahl an Sonderausgaben, im Untergeschoss Antiquariat. Die Leidenschaft von Óscar und Maria ist bei den von ihnen organisierten Events spürbar, dazu gehören Buchpräsentationen, bei denen man sich mit den Autoren unterhalten kann, Theateraufführungen und Konzerte.

215 **A PUNTO**

Hortaleza 64
Centro ①
+34 917 021 041
www.apuntolibreria.com

Buchhandlung und Kochschule in einem. Bei A Punto, seines Zeichens »Kulturzentrum des guten Geschmacks«, finden Sie die umfassendste Auswahl an Kochbüchern und Bänden über Ernährung, Gastronomie und Weine in ganz Madrid.

212 LIBRERÍA DESNIVEL

5 *stylische Geschäfte für* DESIGNERMÖBEL

216 **MERAKI STUDIO**
Campoamor 10
Centro ①
+34 914 214 096
www.merakistudio madrid.com

Bei Meraki ist jedes Möbelstück und Objekt von der Natur inspiriert. Die junge Innenarchitektin Ana Fidalgo verkauft in ihrem Geschäft eine exklusive Auswahl an Objekten für den Wohnbereich: Textilien, Geschirr und Dekorationsobjekte sowie eine kleine Möbelkollektion.

217 **MESTIZO**
Piamonte 4
Centro ①
+34 917 958 899
www.mestizo store.com

Möbel, Wohntextilien und Dekorationsgegenstände, die sich stilistisch irgendwo zwischen Vintage und Moderne bewegen. 300 qm große Fundgrube für alle, die ihr Heim einzigartig, gemütlich, elegant und anders als andere einrichten wollen.

218 **BATAVIA**
Mejía Lequerica 2
Centro ①
+34 915 942 233
www.batavia.es

Batavias neuestes Geschäft in Madrid kombiniert die besten zeitgenössischen Möbel mit einzigartigen, wunderschönen Gegenständen aus Europa und Asien. Umfangreiche Auswahl an skandinavischen Vintage-Möbeln aus der Mitte des letzten Jahrhunderts, hauptsächlich aus Dänemark.

219 **LAGO**
Velázquez 86c
Salamanca ③
+34 915 762 077
www.lago.it

Madrider Filliale der renommierten italienischen Designermöbelmarke. Funktionale und gefühlvolle Designs mit innovativen und unkonventionellen Ideen. Diese Möbel verleihen Ihrem Zuhause einen Hauch von Originalität.

220 **BD MADRID**
Villanueva 5
Salamanca ③
+34 914 350 627
www.bdmadrid.com

Seit 1977 ist BD eine der Top-Adressen für zeitgenössische und moderne Möbel. Der Showroom präsentiert Entwürfe führender internationaler Marken wie Artek, B&B Italia, Cassina, USM Haller, Vitra, Flexform, Knoll, Fritz Hansen, BD Barcelona, Depadova, Carl Hansen, Paola Lenti, Nani Marquin und Acerbis.

217 **MESTIZO**

5 *Adressen für*
ESPADRILLES *und* SCHUHE

221 **ANTIGUA CASA CRESPO**
Divino Pastor 29
Centro ①
+34 915 215 654
www.antiguacasacrespo.com

Dieser einzigartige, 1836 eröffnete Schuhladen wird mittlerweile in der vierten Generation geführt. Er ist das einzige Geschäft in Madrid, das von eigenen Schuhmachern in Handarbeit hergestellte Espadrilles verkauft. Hunderte Modelle in verschiedenen Stilen und Farben. Ein Muss für den Sommer!

222 **GLENT**
Callejón Jorge Juan 14
Salamanca ③
+34 914 315 581
glentshoes.com

Eine der besten Adressen für maßgeschneiderte, zu 100 Prozent in Spanien hergestellte Herrenschuhe. Alle Modelle werden auf Bestellung gefertigt, sodass sie perfekt zu Ihrem Fuß, Ihrem Stil und Ihren Gewohnheiten passen. Größe, Breite und Spann Ihres Fußes werden mit einem 3D-Scanner gemessen und so passgenaue Schuhe hergestellt. König Juan Carlos ist ein treuer Kunde.

223 CASTAÑER

Claudio Coello 51
Salamanca ③
+34 915 781 890
www.castaner.com

Dieser 1927 in Katalonien gegründete Espadrille-Hersteller wurde erst in den Sechzigerjahren so richtig erfolgreich, als Yves Saint Laurent den genialen Einfall hatte, für sein Modehaus von Lorenzo Castañer Espadrilles mit Keilabsatz herstellen zu lassen. Auf diese Weise wurde Castañer der erste Hersteller dieser Modelle.

224 MINT&ROSE

Argensola 15
Centro ①
+34 910 719 746
www.mintandrose.com

Bei Mint&Rose finden Sie elegante Espadrilles, klassische Highheels, Sandalen und Ballerinas. Die Kollektionen sind inspiriert von Sommer, Urlaub und dem mediterranen Lebensgefühl. Dank dieser einzigartigen Kreationen wurde aus dem einfachen Espadrille ein Luxusschuh.

225 MEERMIN

Claudio Coello 20
Salamanca ③
+34 914 312 117
www.meermin.es

Mallorca kann auf eine lange, stolze Tradition der Schuhherstellung zurückblicken: Viele der besten spanischen Marken sind auf der Insel angesiedelt. Meermin Mallorca bietet beste Qualität und verkauft seine Schuhe nur in den eigenen Geschäften in Madrid und New York – und das zu fairen Preisen. Für Männer und Frauen.

5 *empfehlenswerte*
EINKAUFSSTRASSEN

226 **CALLEJÓN DE JORGE JUAN**
Salamanca ③

Diese kleine Sackgasse zweigt zwischen der Calle Lagasca und der Calle Claudio Coello von der Calle Jorge Juan ab. Abseits der Einkaufsstraßen mit ihren internationalen Marken, wie sie in jeder Großstadt angeboten werden, können Sie hier kleine Boutiquen spanischer und internationaler Designer wie Robert Clergerie, Isabel Marant oder Angel Schlesser durchstöbern.

227 **CALLE FUENCARRAL**
Centro ①

Sehr beliebte Einkaufsstraße zwischen Gran Vía und Calle Sagasta. Alle großen Sportmarken und kleinere, junge Designerläden. Hier finden Sie tolle Freizeitkleidung, Streetwear und Sneaker.

228 **CALLE CLAUDIO COELLO**
Salamanca ③

Wunderschöne, fast verkehrsfreie Einkaufsstraße im eleganten Salamanca-Viertel mit renommierten Boutiquen für Damen- und Herrenmode. Die besten Adressen befinden sich zwischen Calle Goya und Calle Ortega y Gasset.

227 CALLE FUENCARRAL

229 GRAN VÍA

226 CALLEJÓN DE JORGE JUAN

229 GRAN VÍA
Centro ①

Das Einkaufsviertel par excellence. Flagship-Stores vieler großer Modemarken, außerdem ist die Gran Vía ein beliebter Treffpunkt bei Teenagern. Von der Kreuzung mit der Plaza del Callao gehen Sie am besten in die Calle Preciados, wo Sie zwei Fillialen des spanischen Kaufhauses El Corte Inglés und einen großen Fnac-Shop finden.

230 CALLE SERRANO
Salamanca ③

Calle Serrano ist die gehobenere und elegantere Version der Gran Vía. Hier finden Sie die Flagship-Stores von Luis Vuitton, Gucci und den renommierten spanischen Modedesignern Agata Ruiz de la Prada und Roberto Verino. Auch die Architektur der fünfgeschossigen Zara-Filiale in einem Gebäude aus den 1920er-Jahren ist sehenswert.

5 *Geschäfte für* COOLE SONNENBRILLEN

231 **ULLOA OPTICO**
Serrano 21
Salamanca ③
+34 914 352 626
www.ulloaoptico.com

Diese Ulloa-Filliale wurde von Isabal López Vilalta im hochmodernen, minimalistischen Industriedesign renoviert. Ulloa Optico gibt es seit 1919 und heute gehören 23 Geschäfte in ganz Spanien dazu. Klassiker von Ray-Ban und Persol sowie sensationelle aktuelle Designs von Chanel, Chopard oder Dior.

232 **ÓPTICA TOSCANA**
Hortaleza 70
Centro ①
+34 913 605 007
www.opticatoscana.com

Wo 1881 noch Gewürze verkauft wurden, kann man heute Sonnenbrillen von so begehrten Marken wie Illesteva, Mykita oder – wer es künstlerischer mag – von Anna-Karin Karlsson erstehen. Óptica Toscana wurde 1992 gegründet und hat sich seitdem zu einem Vorreiter in Sachen modische Brillen entwickelt.

233 **L'ATELIER ÓPTICA**
Moratín 18
Centro ②
+34 910 295 536
www.latelieroptica.es

Mischung aus Werkstatt und Kunstgalerie, die nüchtern-stylische Sonnenbrillen anbietet. Eine kosmopolitische Kundschaft kauft hier Brillen und Sonnenbrillen.

232 **ÓPTICA TOSCANA**

234 **BLANCHE & MUTTON**

Velázquez 46
Salamanca ③
+34 911 168 778
www.blancheandmutton.com

Makellos weißes Geschäft, in dem individuelle und für die verschiedensten Sehbedürfnisse angepasste Brillen angeboten werden. Neben den coolsten und modischsten Marken gibt es hier unter dem Namen Dr. Mutton auch hauseigene Designs. Besonders elegant ist das Modell Bianca.

235 **ÓPTICA CARIBOU**

Espíritu Santo 14
Centro ①
+34 915 212 033
opticacaribou.com

Bei Caribou finden Sie handgefertigte Sonnenbrillen von Nischenmarken in anspruchsvollen, klassischen Designs. International renommierte Marken wie Valley (Australien), SUPER (Italien) und Illesteva (USA).

5 tolle
PLATTENLÄDEN

236 **LA INTEGRAL**
León 25
Centro ②
+34 914 296 918
www.laintegral25.com

María und Charo eröffneten den Laden in einer ehemaligen Bäckerei ursprünglich nur, um ihre eigenen Kreationen zu präsentieren. Heute haben sie die verschiedensten Markenartikel und eine außergewöhnliche Auswahl an Schallplatten im Angebot, darunter Neupressungen großer Rock-, Pop-, Punk- oder Jazzklassiker sowie Neues von spanischen Indie-Bands.

237 **BAJO EL VOLCÁN**
Ave María 42
Centro ②
+34 912 502 121
www.bajoelvolcan.es

Spezialisiert auf neue und Secondhandplatten: Soul, Funk, Jazz, Rock'n'Roll, Beat, Garage, Psychedelia, Folk, Progressive, Heavy, Punk und Indie. Außerdem interessante Bücher zu Musik und Kino sowie zeitgenössische Literatur.

238 **CUERVO STORE**
Velarde 13
Centro ①
+34 912 222 222
holycuervo.com

2010 eröffnet. Hier finden Sie Musik, Kleidung, Bücher, Accessoires, dazu Ausstellungen und Livekonzerte. Vinyl von den Hellacopters, den Ramones, Black Rebel Motorcyle Club. Außerdem Künstler-Agentur und eigenes Label.

239 **BIG MAMMA**
Divino Pastor 22
Centro ①
+34 915 915 564
www.bigmammacdshop.com

Große Auswahl an neuem und gebrauchtem Vinyl sowie CDs in allen Stilrichtungen, aber mit Schwerpunkt auf schwarzer Musik wie Hip-Hop, Jazz und Blues. Wenn Sie etwas Bestimmtes suchen, fragen Sie einfach Diego Ortiz, er betreut den Laden seit 2006.

240 **RADIO CITY**
Conde Duque 14
Centro ①
+34 915 477 767

Dieser Ort ist schwer zu beschreiben, aber das Angebot spricht für sich: Stiff Records, Bleecker & MacDougal, Johnny Otis, Flying Nun Records, Kelley Stoltz, The Wrecking Crew, Ben Vaughn und 1619 Broadway on 49th Street.

236 LA INTEGRAL

Die 5 charmantesten
VINTAGE-LÄDEN

241 **LA MONA CHECA**
Velarde 2
Centro ①
+34 915 933 997

Fundgrube für liebenswerte Vintage-Kleidung und -Accessoires. Aber hier können Sie noch mehr entdecken, zum Beispiel eine große Sammlung von Vintage-Kameras oder Werke unbekannter Künstler. Mischung aus Großmutters Stube und Zirkus.

242 **IKB 191**
Arganzuela 18
Centro ②
+34 918 259 591
ikb191.es

In diesem ehemaligen Industriegebäude in Rastro gibt es Vintage-Möbel zu fairen Preisen. Hier finden Sie ausschließlich europäische Originalmöbel aus den Vierziger- und Fünfzigerjahren, die nicht unbedingt von berühmten Designern stammen müssen.

243 **MAGPIE**
Velarde 3
Centro ①
+34 914 483 104
magpie.es

Spezialisiert auf Vintage-Kleidung und -Accessoires aus den Zwanziger-, Sechziger- und Siebzigerjahren. Die prächtigste Auswahl an Kopfbedeckungen, Gürteln, Handtaschen und Schuhen in Madrid. In der Vergangenheit tauchten hier unter anderem ein Valentino-Badeanzug und ein Balenciaga-Kleid auf!

244 MODERNARIO

Santa María 20
Centro ②
+34 913 697 678
www.modernario.es

Mit zwei Geschäften in derselben Straße ist Modernario eine großartige Adresse für Vintage-Möbel und -Beleuchtung aus den Fünfziger-, Sechziger- und Siebzigerjahren. Nur bekannte Designer und Marken wie Hans Wegner, Finn Juhl, Arne Jacobsen, Verner Panton, Charles und Ray Eames, Frank O. Gehry, Louis Kalff und Le Corbusier.

245 FLAMINGOS VINTAGE KILO

Espíritu Santo 1
Centro ①
+34 915 048 313
www.vintagekilo.com

Hier können Sie Vintage- und Secondhand-Kleidung nach Gewicht kaufen, ein Kilo kostet zwischen 7 und 18 Euro. Levis 501, Hawaiihemden, Bomberjacken, Sportshorts für Männer, Damenbekleidung im Navajo-Stil, Militäruniformen, Kleider der Siebzigerjahre, Leder, Smokings und Cowboystiefel.

242 **IKB 191**

METROPOLIS

25 BEEINDRUCKENDE BAUWERKE

5 Bauten im Viertel

EL MADRID DE LOS AUSTRIAS

246 **STIFTSKIRCHE UND INSTITUTO DE SAN ISIDRO**
Toledo 37/39
Centro ②

Maria von Spanien, Tochter von Karl V., hinterließ ihr ganzes Vermögen den Jesuiten, die damit dieses Juwel des Madrider Barock mit dem wunderschönen Innenhof errichteten. Die Schule haben viele berühmte spanische Schriftsteller besucht.

247 **MINISTERIO DE ASUNTOS EXTERIORES**
Juan de Mena 4
Retiro ④

Heute ist in diesem Gebäude das spanische Außenministerium untergebracht. Davor war es ein Gefängnis, dessen Tore man am 2. Mai 1808 öffnete, damit sich die Gefangenen am Aufstand des Volks gegen die französische Herrschaft beteiligen konnten. Der Legende nach kehrten alle Häftlinge nach dem Kampf wieder in ihre Zellen zurück.

248 **SALÓN DE REINOS**
Méndez Núñez 4
Retiro ④

Dieses Gebäude, das seit 2019 Teil des Prado ist, und El Casón del Buen Retiro sind die einzigen Überreste des Buen-Retiro-Palastes, den sich Philipp IV. als Zweitresidenz am östlichen Stadtrand von Madrid 1630 errichten ließ.

249 PALACIO DEL DUQUE DE UCEDA

Mayor 79
Centro ②

Der im 17. Jh. errichtete Palast des Herzogs von Uceda war stets Sitz der Ratsversammlungen der in aller Welt verstreuten Territorien der spanischen Monarchie, in jüngerer Zeit auch des Consejo de Estado (des spanischen Staatsrats) und des Kapitän-Generals.

250 MONASTERIO DEL CORPUS CHRISTI

Plaza del Conde de Miranda 3
Centro ②

Auch als »Convento de las Carboneras« (Konvent der Köhlerinnen) bekannt – nach einem Gemälde der Muttergottes, das man in einem nahen Kohlenlager fand und den Nonnen spendete. In dem Kloster mit dem hübschen Innenhof hat sich seit 400 Jahren kaum etwas verändert. Die Nonnen verkaufen selbst gebackenen Kuchen.

248 SALÓN DE REINOS

5 Geheimnisse der PLAZA MAYOR

251 LATERNENPFÄHLE
Centro ②

Eingravierte Bilder an vier Laternenmasten erzählen von der Geschichte des Platzes: Von 1609 bis 1822 fanden hier öffentliche Gerichtsverhandlungen statt, in den 1620er-Jahren wurde der Markt abgehalten sowie Stierkämpfe und im 17. und 18. Jh. Maskenfeste veranstaltet. 1790 gab es einen Großbrand.

252 STIERKÄMPFE
Centro ②

1619 gab es auf der Plaza Mayor jeden Tag Stierkämpfe: eine Vorstellung vormittags für das einfache Volk und nachmittags eine doppelt so teure, bei der auch König und Adel anwesend waren. Der letzte Stierkampf fand 1846 anlässlich der Doppelhochzeit von Isabella II. und ihrer Schwester María Luisa statt.

253 CALLEJÓN DEL INFIERNO
Centro ②

Diese düstere Gasse erhielt 1854 den hochtrabenden Namen Calle de Arco del Triunfo, ist aber besser bekannt als Callejón del Infierno (Höllengasse), nachdem dort während des zweiten großen Brandes auf der Plaza Mayor 1672 hohe Flammen loderten.

254 »EL PÚLPITO REVOLUCIONARIO« IM INNEREN DES ARCO DE CUCHILLEROS

Centro ②

Im Inneren des Arco de Cuchilleros befindet sich eine unauffällige Steinplattform mit einem halbkreisförmigen Geländer, die in der Geschichte Madrids eine entscheidende Rolle spielte: Von hier aus rief der Mönch Antonio 1808 eine große Menge Madrilenen zum Widerstand gegen die französischen Invasoren auf – der darauffolgende Aufstand löste den Unabhängigkeitskrieg aus.

255 LAGUNA LUJÁN

Centro ②

Ende des 16. Jh. befand sich an der Stelle der heutigen Plaza Mayor noch die Laguna Luján, ein sumpfiger kleiner See vor den Toren der Stadt, wo die Könige gerne auf Entenjagd gingen. Als Philipp II. Madrid zur Reichshauptstadt machte, ließ er das Areal trockenlegen und einen rechteckigen Platz nach Vorbild des Forum Romanum errichten.

251–255 **PLAZA MAYOR**

5 × MODERNE *und* ZEITGENÖSSISCHE *Architektur*

256 **BBVA LAS TABLAS**
Sierra de Atapuerca 31
Las Tablas

Herzog & de Meuron entwarfen 2001 diesen Bürokomplex mit sieben horizontal gelagerten, dreigeschossigen und durch Innenhöfe und Gärten verbundene Bauten mit einer Fläche von 114000 qm. Das wie ein Segel geformte, 93 m hohe und 13 m breite Hauptgebäude (Calle Azul 4) bietet Platz für 6000 Angestellte.

257 **ERWEITERUNGSBAU DES PRADO**
Paseo del Prado s/n
Retiro ④

Der von Rafael Moneo entworfene, viel diskutierte Erweiterungsbau des Prado besteht aus einem großen Ziegelsteinkubus über den Ruinen des Kreuzgangs der Kirche »Los Jéronimos«. Ein unterirdischer Gang verbindet den Neubau mit dem Hauptgebäude des Prado an der Villanueva.

258 **TORRE CEPSA**
Paseo de la Castellana 259a
Tetuán ⑥

Der 249,5 m hohe, von Norman Foster entworfene Turm ist das zweithöchste Gebäude Spaniens und das fünfthöchste Europas. Die drei Sektionen des Wolkenkratzers mit jeweils bis zu zwölf Stockwerken hängen wie Regale zwischen den zwei massiven Pfeilern aus Stahl und Beton, in denen sieben Aufzugsschächte untergebracht wurden.

259 **TERMINAL 4**
Flughafen Madrid-Barajas

2006 wurden die beiden von Richard Rogers zusammen mit dem spanischen Architekturbüro Estudio Lamela entworfenen Gebäude eingeweiht. Zusammen bilden sie das Terminal »T4« des Madrider Flughafens. Das geschwungene Metalldach ist im Inneren mit Bambus verkleidet und wird von verschiedenfarbigen Stahlträgern gehalten.

260 **TORRES DE COLÓN**
Plaza de Colón
Centro ①

Die 23 Stockwerke hohen, von dem spanischen Architekten Antonio Lamela entworfenen Zwillingstürme wurden 1976 errichtet – und zwar von oben nach unten (!) entlang zweier massiver, an ihrer Spitze mittels einer Plattform verbundener Pfeiler. In den Neunzigerjahren baute man über die Antennen und anderen technischen Aufbauten auf der Plattform eine Abdeckung im Art-déco-Stil, die dem Bau den Spitznamen »El Enchufe« (»Stecker«) einbrachte.

257 ERWEITERUNGSBAU DES PRADO
264 PUERTA DE ALCALÁ
262 PUERTA DE FELIPE IV

5 eindrucksvolle
TORBAUTEN

261 **PUERTA REAL**
Paseo del Prado,
Jardín Botanico
Retiro ④

Dieses Eingangstor ist alles, was von Francesco Sabatinis 1773 fertiggestelltem Königlichen Botanischen Garten übrig blieb. Die Anlage des Lieblingsarchitekten von Karl III. wurde von Juan de Villanueva komplett verändert. Das einstmalige Haupttor ist seitdem geschlossen, da der Eingang sich nun gegenüber vom Prado befindet.

262 **PUERTA DE FELIPE IV**
Alfonso XII s/n,
Retiro Park
Retiro ④

Dieser 1680 als Eingang zu den Gärten des Palacio del Buen Retiro errichtete und damit älteste aller monumentalen Torbauten Madrids wurde vom Architekten Melchor de Bueras entworfen. Er erinnert an die Ankunft der Königin Marie Louise d'Orleans, der ersten Frau Karls II.

263 **PUERTA DE HIERRO**
Gta. Puerta
de Hierro s/n
Moncloa-Aravaca

Das »Eiserne Tor« wurde 1751 unter Fernando VI. am Zugang zu den privaten Jagdgründen des Königs am Stadtrand erbaut.

264 **PUERTA DE ALCALÁ**
Plaza de la Independencia
Salamanca ③

Eines der Wahrzeichen Madrids. Das Tor an der namengebenden Straße nach Alcalá de Henares wurde 1778 von Francesco Sabatini zum Gedenken an die Ankunft von König Karl III. in Madrid errichtet. Der Bau im klassizistischen Stil ist ein herausragendes Beispiel architektonischer Harmonie.

265 **PUERTA DE TOLEDO**
Glorieta Puerta de Toledo s/n
Centro ②

Der Bau des Stadttores wurde während der Regierungszeit von Joseph Bonaparte begonnen, nach der Vertreibung der Franzosen verfügte dann König Ferdinand VII., dass mit dem Bildprogramm des Tores seiner Ankunft in Madrid gedacht werden sollte. Die Skulpturen über dem Mittelbogen repräsentieren die allumfassende Macht der spanischen Monarchie.

5 Bauten mit KULTSTATUS

266 **METROPOLIS-HAUS**
Alcalá 42
Centro ②

30 000 Goldblätter bedecken Teile der herrlichen Kuppel und machen dieses Gebäude zu einem der schönsten Madrids – besonders, wenn es nachts von 205 Lichtern beleuchtet wird. Sieben Häuser mussten abgerissen werden, um Platz für den Bau zu schaffen, der 1911 eingeweiht wurde. 1972 kaufte die Versicherungsgesellschaft Metrópolis das Gebäude und gab ihm seinen heutigen Namen.

267 **EDIFICIO ESPAÑA**
Plaza de España
Centro ①

Dieses vom Rockefeller Center inspirierte, 1953 eingeweihte Gebäude war ein Projekt der Brüder Otamendi, mit dem der damals herrschende Diktator Franco die wirtschaftliche Prosperität seines Landes demonstrieren wollte. 32 Aufzüge beförderten Prominente und Francos Entourage zu den 25 Stockwerken mit 300 Büros, 184 Wohnungen, einem exklusiven Hotel, einem Einkaufszentrum und einem großen Pool auf dem Dach.

268 BAHNHOF MADRID ATOCHA
270 PALACIO DE CIBELES
269 PALACIO DE CRISTAL

268 BAHNHOF MADRID ATOCHA

Plaza Emperador Carlos V
Arganzuela ⑧

Der 1892 eingeweihte Bahnhof hieß ursprünglich Estación de Mediodia. 1992 wurde er von dem Architekten Rafael Moneo renoviert und in einen Fernbahnhof umgewandelt. Im Inneren der gigantischen Eisenkonstruktion des ursprünglichen Gebäudes befindet sich heute ein fantastischer Palmengarten.

269 PALACIO DE CRISTAL

Paseo República de Cuba 4
Retiro ④

Das 1887 für die *Exposición de las Islas Filipinas* (Philippinen-Ausstellung) erbaute Gebäude wurde von Ricardo Velázquez Bosco nach dem Vorbild des Londoner Crystal Palace im Hyde Park entworfen. Nach der Ausstellung wurde es in den Retiro-Park versetzt. In dem malerischen, zwischen Kastanien an einem künstlichen See gelegenen Gebäude finden Ausstellungen für moderne Kunst des Museo Reina Sofía statt.

270 PALACIO DE CIBELES

Plaza Cibeles 1
Centro ②

Dieser unter Leitung von Joaquin Otamendi und seinem Studienfreund Antonio Palacios errichtete Bau wurde 1919 unter dem Namen Catedral de las Comunicaciones als Hauptsitz der spanischen Post eingeweiht. Heute beherbergt er das Madrider Rathaus, eine Postfiliale, ein sehr lebendiges Kulturzentrum sowie ein Dachrestaurant und eine Bar mit einem der besten Panoramablicke der Stadt.

55 ORTE, WO SIE DAS ECHTE MADRID ERLEBEN

5 PARKS,

die mindestens so schön sind wie El Retiro

271 **PARQUE JUAN CARLOS I**
Glorieta Sar Don Juan de Borbon y Battermberg s/n
Barajas

Riesiger Park (160 ha) mit 2000 Olivenbäumen und beeindruckenden modernen Skulpturen, der 1992 eingeweiht wurde – im selben Jahr, in dem Madrid europäische Kulturhauptstadt war. See und Fluss werden unter anderem zum Kanufahren oder Angeln genutzt, und alle 30 Minuten dreht ein kleiner Zug eine Runde durch die Anlage.

272 **PARQUE DEL OESTE**
Paseo de Moret 2
Moncloa-Aravaca ②

Dieser 100 ha große Park in der Nähe der Plaza de España wurde 1906 von dem berühmten Landschaftsarchitekten Cecilio Rodriquez auf Initiative des Bürgermeisters Alberto Aguilera angelegt. Der Parque del Oeste beherbergt viele Attraktionen, darunter eine Seilbahn, einen Rosengarten, in dem jährlich ein internationaler Wettbewerb stattfindet, und den antiken Debod-Tempel, ein Geschenk der ägyptischen Regierung.

273 **PARQUE QUINTA DE LOS MOLINOS**
Alcalá 527
San Blas

Der Ursprung dieses Parks am Ende der Calle Alcalá geht auf das Jahr 1920 zurück, als der Besitzer des Anwesens einen mediterranen Garten anlegen wollte. Der Nordteil besteht aus einem romantischen Landschaftspark, während der Südteil eher landwirtschaftlich geprägt ist. Der Park ist mit insgesamt 8000 Bäumen bepflanzt, und im Februar und März blühen die Mandelbäume.

274 **PARQUE DE EL CAPRICHO**
Paseo de la Alameda de Osuna 25
Barajas

Einer der schönsten Parks Madrids (unweit vom Parque Juan Carlos I) ist paradoxerweise auch einer der unbekanntesten. Er wurde ab 1787 im Auftrag der Herzogin von Osuna angelegt und besteht aus einem französischen Garten, einem englischen Landschaftspark sowie einem italienischen Giardino mit vielen romantischen Brunnen und Tempeln.

275 **REAL JARDÍN BOTÁNICO**
Plaza de Murillo 2
Retiro ④

Hier können Sie einheimische Vegetation ebenso wie tropische Pflanzen bestaunen. Francisco Sabatini gestaltete den botanischen Garten 1755 im Auftrag von König Ferdinand VI. Der Eintritt kostet 4 Euro – alle Einnahmen kommen der Erhaltung des Gartens mit seinen 5000 Pflanzenarten zugute. La Cátedra ist ein schönes Café mit Laden mitten in der Anlage.

5 Geheimnisse von
EL RETIRO

276 **PFAUEN**
JARDINES DE CECILIO RODRÍGUEZ
Paseo Uruguay 5
Retiro ④

In den Gärten von Cecilio Rodríguez gibt es kleine Teiche, Quellen, Skulpturen, von Kletterpflanzen überwachsene Säulen und Pergolen, schattige Bänke, Hecken, lauschige Plätzchen – und Pfauen. Rund um die Brunnen herum können Sie die stolzen Vögel beobachten und in den Bäumen rufen hören.

277 **LA ROSALEDA**
Paseo Fernán Núñez 4
Retiro ④

Der 1915 von Cecilio Rodríguez entworfene Garten mit knapp 4000 Rosen entfaltet während der Blütezeit in den Monaten Mai und Juni seine volle Pracht. Ein Gerücht besagt, dass es hier einst einen Teich gab, der im Winter als Eislaufbahn diente.

278 **OBSTGARTEN**
Avenida de Alfonso XII s/n
Retiro ④

Hier hat man sich Umweltbildung mit Schwerpunkt auf ökologischem Land- und Gartenbau sowie die Förderung von umweltbewusstem Verhalten auf die Fahne geschrieben. Angeboten werden Veranstaltungen, Vorträge und Führungen für Erwachsene und Kinder.

279 BIBLIOTECAS POPULARES

Paseo Fernán Núñez 24
Retiro ④

1919 wurden im Parque del Retiro kleine frei stehende Bibliothekshäuschen gebaut, die die Bevölkerung zum Lesen anregen sollten. 1994 ließen die Organisatoren der Madrider Buchmesse zwei dieser Häuschen sanieren. Diese werden nun als öffentliche Bücherschränke genutzt.

280 TENNIS, PÁDEL UND FUSSBALL

Paseo Fernán Núñez 3
Retiro ④

Versteckt hinter Bäumen im Herzen des Parks befindet sich ein Sportzentrum mit Tennis- und Pádelplätzen sowie einem Fußballfeld. Das Zentrum wird von der Stadtverwaltung betrieben und ist daher sehr günstig, Sie können zum Beispiel für 7,50 Euro einen Tennisplatz mieten. Viele Kurse und Veranstaltungen für Kinder.

279 BIBLIOTECAS POPULARES

5 sehenswerte PLÄTZE

281 **PLAZA DE LA PAJA**
Centro ①

Kleiner Platz mitten in El Madrid de los Austrias mit geradezu dörflichem Charme. Hier wurde früher das Stroh (»paja«) für die Maultiere der Capilla del Obispo versteigert, was der Plaza ihren Namen gab. Gönnen Sie sich ein Bier und essen Sie im Restaurant Naia.

282 **HUERTO DE LAS MONJAS**
Sacramento 7
Centro ②

Auf Höhe der Hausnummer 7 in der Calle de Sacramento gelangen Sie durch eine Passage zu einem hübschen Gärtchen namens Huerto de las Monjas, das bis 1972 durch die hohen Mauern eines mittlerweile abgerissenen Klosters geschützt wurde.

283 **JARDINES DEL PALACIO DEL PRÍNCIPE DE ANGLONA**
Príncipe Anglona 1
Centro ②

Am unteren Ende der Plaza de La Paja befindet sich ein sehr kleiner, romantischer Garten aus dem 18 Jh. Der angrenzende Stadtpalast wurde unter anderen vom Prinzen von Anglona bewohnt. Lohnenswert für eine Pause mitten im hektischen Stadtzentrum.

284 PLAZA DEL ÁNGEL

Centro ②

Ruhiger Platz neben der sehr belebten Plaza Santa Ana mit vielen Tavernen und Tapas-Bars. Der elegante Palast von Tepa (heute ein NH-Hotel) überblickt die Plaza, auf der sich auch das 1910 eröffnete Café Central - ein Treffpunkt für Livemusik-Liebhaber - befindet.

285 PLAZA DE LA VILLA DE PARÍS

Centro ①

Unweit von der Plaza de Colón liegt etwas versteckt zwischen zwei Gerichten und dem Institut Français dieser kleine Platz mit Bänken und Bäumen, der auch den Namen »Platz der Justiz« trägt. Hier treffen sich die Hunde des Viertels beim Gassigehen mit ihren Besitzern.

283 JARDINES DEL PALACIO DEL PRÍNCIPE DE ANGLONA

5 *Spaziergänge durch*
5 STADTVIERTEL

286 **CHAMBERÍ**
Chamberí ⑤

Wenn Sie toll Essen gehen möchten, dann sollten Sie sich ein paar Tapas in der Calle Ponzano oder an der Plaza de Olavide mit der gemütlichen Gartenanlage gönnen. Im 19. Jh. lebte der Madrider Adel in diesem Viertel, und die Calle Zurbano ist laut *New York Times* nach wie vor eine der prestigeträchtigsten Adressen Europas.

287 **BARRIO DE LAS LETRAS**
Centro ②

In diesem Künstlerviertel mit den engen Gassen fühlt man sich fast wie in einem kastilischen Dorf. Besonders schön ist ein Spaziergang durch die Calle del León, Calle del Prado, Calle Cervantes und die Calle Lope de Vega. Hier lebten einst die Schriftsteller des spanischen Goldenen Zeitalters wie Lope de Vega, Quevedo, Góngora und Cervantes.

288 LAS SALESAS
Centro ①

Das nach dem dortigen Kloster benannte Viertel gilt als »Soho von Madrid«. Besonders sehenswert sind die Calle Almirante, Calle Barquillo und Calle Fernando VI. Und in den angrenzenden kleinen Sträßchen gibt es viele coole Geschäfte, Galerien und Bars zu entdecken.

289 SALAMANCA
Salamanca ③

In Madrids schickstem Viertel befinden sich parallel zueinander auch die wichtigsten Einkaufsstraßen: Calle Serrano, Calle Claudio Coello und Calle Lagasca. Die Statue des Marqués de Salamanca, des Erbauers des Viertels, steht auf der gleichnamigen Plaza, die die Luxuseinkaufsstraße Calle Ortega y Gasset kreuzt.

290 LAVAPIÉS
Centro ②

Dieses Viertel ist ein Schmelztiegel der Kulturen, das beweisen nicht nur die vielen indischen Restaurants in der Calle Lavapiés. In der Calle Argumosa gibt es eine geschäftige junge Bar- und Tapasszene, weil die Mieten hier niedriger sind. Ein Stück weiter, an der Plaza de Lavapiés, befindet sich die ehemalige Tabakfabrik La Tabacalera, an deren Wänden Street-Art zu sehen ist.

5 *Tipps für*
LAS FIESTAS DE SAN ISIDRO

291 **PRADERA DE SAN ISIDRO**
San Isidro Park,
Paseo de la Ermita del Santo 74
Carabanchel

Am Morgen des 15. Mai trifft man sich im Parque San Isidro. Essensstände bieten typische Gerichte an, es gibt Chulapo-Musik, die Parade der Gigantes y Cabezudos (Riesen und große Köpfe) und traditionelle Zarzuelas (typisch spanisches Musiktheater).

292 **FEUERWERK**
Retiro Park
Retiro ④

Das Feuerwerk rund um den Teich in Retiro am San-Isidro-Wochenende ist ein tolles Erlebnis für die ganze Familie. Denken Sie aber daran, dass der Park um Mitternacht seine Tore schließt!

293 **COCIDO MADRILEÑO**
LA BOLA
Bola 5
Centro ②
+34 915 476 930
labola.es

Bei La Bola gibt es mit den besten traditionellen Cocido Madrileño (Madrider Eintopf). Zuerst bekommen Sie eine Gemüsesuppe mit der Brühe des Eintopfs, danach das gekochte Fleisch und die Würstchen mit Kichererbsen. Dieses traditionelle Gericht gibt es hier seit 1870, und es wird noch immer nach dem Originalrezept zubereitet. Unbedingt reservieren.

294 LAS VENTAS
Alcalá 237
Salamanca ③
www.las-ventas.com

Die bedeutendste Stierkampfarena der Welt. Und anlässlich des San-Isidro-Festes ist besonders viel los. Von Mai bis Ende Juni treten hier einige der besten Stierkämpfer aus Spanien und aller Welt an. Zur Arena gehören außerdem zwei Kapellen, von denen eine La Paloma, einer der Schutzheiligen Madrids, gewidmet ist.

295 SOUND ISIDRO
www.soundisidro.es

Während des gesamten Maimonats veranstaltet Sound Isidro überall in der Stadt Konzerte, zum Beispiel im El Sol, Barceló Theater, Moby Dick oder im Riviera. Bis zu fünfzig ausgesuchte, besonders gute und innovative Bands nehmen an dem Festival teil.

294 LAS VENTAS

5 Orte mit einer Verbindung zur Kulturbewegung MOVIDA MADRILEÑA

296 **EL SOL**
Jardines 3
Centro ②
+34 915 326 490
www.salaelsol.com

Konzertsaal von Antonio Gastón, einem Architekten, der sich für Musik und Kunst begeisterte. Bei dem allerersten Konzert hier 1979 traten Nacha Pop auf, und damit wurde das El Sol Teil der Movida-Geschichte. Hier treten große spanische und international bekannte Pop- und Rock-Acts auf.

297 **LA VÍA LÁCTEA**
Velarde 18
Centro ①
+34 914 467 581

Im Juli 1979 gewann die Movida immer mehr Anhänger. Rund um die Plaza Dos de Mayo versammelten sich junge Menschen zu allen möglichen kulturellen Veranstaltungen und Partys. In dem in diesem Umfeld gegründeten Lokal wollte man das Ambiente der New Yorker Musikbars nachahmen.

298 **EL PENTA BAR**
Palma 4
Centro ①
+34 914 478 460
www.elpenta.com

Diese Ikone der Movida nannte sich ursprünglich Pentagramm, später einfach Penta. In den Achtzigerjahren machten Musiker von dieser Bar aus die Bewegung populär und hatten großen Einfluss auf die spanische Popmusik.

299 **MADRID ME MATA**
Corredera Alta de San Pablo 31
Centro ①
+34 609 847 504
madridmemata bar.com

Die Bar wurde nach einem in den Achtzigerjahren beliebten Magazin benannt, einem Sprachrohr jener Bewegung, die mit der Zeit als »La Movida« bekannt wurde. Heutzutage ist die Bar gleichzeitig ein kleines Museum mit Büchern, Kleidungsstücken, Schallplatten, Instrumenten etc.

300 **LA BOBIA**
San Millán 3
Centro ②
+34 917 376 030

Diese Movida-Bar ist heute eine kosmopolitische Taverne, in der asturische Spezialitäten auf der Karte stehen. Filmemacher wie Fernando Fernán Gómez und Pedro Almodóvar drehten hier. Die Terrasse ist noch vorhanden, die legendären hellgrünen Stühle wurden allerdings gegen ähnliche Modelle ausgetauscht.

300 **LA BOBIA**

5 tolle Adressen für Fans von

REAL MADRID

301 **ESTADIO SANTIAGO BERNABÉU**
Avenida de Concha Espina 1
Chamartín ⑦
www.realmadrid.com

Machen Sie einen Rundgang durch das Heimatstadion von Real Madrid – inklusive Trophäenraum, Panoramablick auf das Spielfeld, Präsidentenbox und Umkleide. Das Stadion verfügt außerdem über vier Restaurants und das Real Café – alle mit einer großartigen Aussicht.

302 **CIUDAD REAL MADRID**
Camino Sintra s/n
Valdebebas
www.realmadrid.com

Hier absolvieren die Spieler ihr tägliches Training, und hier sind auch hoffnungsvolle Nachwuchstalente untergebracht. Jeden Tag drängen sich Journalisten auf der Jagd nach guten Bildern und Fans für ein Autogramm ihrer Lieblingsspieler am Eingang.

303 **SANCHIS BAR MARISQUERÍA**
Avenida de Menéndez Pelayo 13
Retiro ④
+34 915 742 429

Nicht jeder Madrider Spieler wird auch später Trainer. Manolo Sanchis bestritt als Libero von 1983 bis 2001 mehr als 700 Spiele und übernahm dann die Bar seines Vaters, der ebenfalls einst für Real Madrid spielte. Ein Muss für echte Fans!

304 MESÓN TXISTU

Plaza Ángel
Carbajo 6
Tetuán ⑥
+34 915 701 006
www.mesontxistu.com

In diesem eleganten baskischen Restaurant mit traditioneller nordspanischer Küche trifft sich der Präsident von Real Madrid gerne mit den Spielern zum Mittagessen. Auch Cristiano Ronaldo wurde hier schon des Öfteren gesichtet.

305 EL TULIPÁN

General Díaz
Porlier 59
Salamanca ③
+34 914 025 027

El Tulipán beherbergt mehr als 2500 meist signierte Fußballtrikots sowohl von Atlético als auch von Real Madrid. Um Konflikte zu vermeiden, hat jede der beiden Mannschaften ihren eigenen Bereich in dem kleinen Lokal. Einfache, hausgemachte Gerichte aus Asturien.

301 ESTADIO SANTIAGO BERNABÉU

5 *kaum bekannte* PALÄSTE

306 **PALACIO LONGORIA**
Fernando VI 4
Centro ①

Der 1902 erbaute Palast zwischen Gebäuden aus dem 19. Jh. überrascht mit seiner luxuriösen und kunstvollen Jugendstilfassade – man könnte beinahe glauben, er wäre von Gaudí entworfen worden. Heute Sitz der Sociedad General de Autores y Editores.

307 **WUNDERHOUSE**
San Lorenzo 20
Centro ①
+34 915 990 369
www.wunderhouse.com

Das schönste Studentenwohnheim der Welt! 1870 residierte hier der Marques Villamagna, danach war der schicke Bau bis 1994 im Besitz des Vatikans. Im mittlerweile komplett renovierten Palast blieben viele originale Fresken erhalten.

308 **FUNDACIÓN CARLOS DE AMBERES**
Claudio Coello 99
Salamanca ③
+34 914 352 201
www.fcamberes.org

Schon seit 1594 unterstützt die Stiftung Madrid-Reisende aus den 17 Provinzen der Niederlande. Und seit 1988 widmet sie sich der Pflege der kulturellen Beziehungen zu den Niederlanden, Belgien, Luxemburg und Nordfrankreich.

309 PALACIO DE FERNÁN NÚÑEZ

Santa Isabel 44
Centro ②
+34 911 511 082
www.ffe.es/palacio

Der 1753 erbaute, klassizistische Palacio verbirgt einige Geheimnisse hinter der eher schlichten Fassade. Die reiche aristokratische Ausstattung des 19. Jh. blieb erhalten, und seit 1985 ist er Sitz der Fundación de Ferrocarriles (Stiftung der spanischen Eisenbahnen). Nur Gruppenbesuche nach vorheriger Anmeldung.

310 PALACIO DE LIRIA

Princesa 20
Centro ①
+34 912 302 200
www.palaciodeliria.com

In diesem von üppigen Gärten umgebenen Palast aus dem 18. Jh., von dem nach dem Bürgerkrieg nur noch die Fassade erhalten war, lebte einst die extravagante Duquesa de Alba. Nachdem sie 2014 im stolzen Alter von 88 Jahren verstarb, sind nun Wohnhaus und Kunstsammlung der Herzöge von Alba für die Öffentlichkeit zugänglich.

307 WUNDERHOUSE

5
STATUEN *mit einer spannenden Geschichte*

311 **DER GEFALLENE ENGEL**
Glorieta del Ángel Caído s/n, Retiro Park
Retiro ④

Die Statue zeigt Luzifer, wie er gerade aus dem Himmel vertrieben wird. Da die Statue auf 666 m Höhe über dem Meeresspiegel steht, befindet sich hier angeblich ein Eingang zur Hölle. Diese Legende bezieht sich aber womöglich auf den alten Friedhof, der für den Bau der Straße Paseo Fernán Núñez weichen musste.

312 **JULIA**
Pez 42
Centro ①

Die kleine, 2003 aufgestellte Statue lehnt diskret an der Hauswand. Der Legende nach verkleidete sich Julia als Mann und schaffte es so vor mehr als 150 Jahren, als Frauen noch nicht studieren durften, auf die Universität.

313 **DER BÄR UND DER ERDBEERBAUM**
Plaza Puerta del Sol
Centro ②

Diese Darstellung geht auf das im Mittelalter entstandene Madrider Wappen zurück. Der Bär steht für einen von König Alfons XI. erlegten Braunbären, der Erdbeerbaum ersetzte das ursprüngliche Turmsymbol im Wappen, nachdem die Streitigkeiten mit La Villa beigelegt waren und Madrid Weideland mit ebensolchen Erdbeerbäumen erhielt.

314 PLAZA DE ORIENTE

Centro ②

Die 108 Statuen mittelalterlicher spanischer Könige sollten ursprünglich auf den Gesimsen des Königspalastes aufgestellt werden. Eine Traumvision von Königin Bárbara de Braganza bewirkte allerdings eine Planänderung: Sie sah die Figuren bei einem Erdbeben fallen und überzeugte ihren Sohn, sie an einen sichereren Ort bringen zu lassen.

315 REITERSTATUE VON PHILIPP III.

Plaza Mayor
Centro ②

Als 1931 die Zweite Spanische Republik ausgerufen wurde, schmissen Vandalen einen Feuerwerkskörper in das Maul des Pferdes, sodass dessen Bauch explodierte. Der Legende nach erwacht das Pferd außerdem nachts zum Leben, damit der Geist des Königs mit ihm auf die Jagd gehen kann.

314 PLAZA DE ORIENTE

5 Orte mit spektakulärer
STREET-ART

316 **YIPI YIPI YEAH**
Argumosa 25
Centro ②
yipiyipiyeah.com

Die Werke dieser Madrider Street-Art-Künstler sind immer wieder überraschend, voller Witz und Ironie – mit einer Mischung aus politischen Botschaften, Popkultur und der Absurdität unserer Welt. In den Vierteln Malasaña, Lavapiés, La Latina und Barrio de las Letras sind viele Bilder der Gruppe zu sehen.

317 **HYURO**
Embajadores 68
Centro ②
www.hyuro.es

Die argentinische Künstlerin zeigt, wie Frauen unter der patriarchalischen Gesellschaft leiden. Ihr kreatives Universum ist voll von seltsam identitätslosen, verführerischen und geheimnisvollen weiblichen Figuren. Ihre herausfordernden Arbeiten fallen auf.

318 **BOA MISTURA**
MERCADO DE LA CEBADA
Plaza de la Cebada
Centro ②
+34 912 046 678
www.boamistura.com

Diese fünfköpfige Straßenkünstlergruppe gestaltet Graffitis in Madrid, Südafrika, den USA, Großbritannien und Brasilien. Ihre Werke findet man in Madrid zum Beispiel am Mercado de la Cebada und im Barrio de las Letras.

319 ELTONO

Espoz y Mina 9
Centro ②
www.eltono.com

Der Franzose Eltono arbeitete zehn Jahre lang in Madrid, danach zog er nach Peking, heute lebt er in Südfrankreich. Seine sensiblen Arbeiten sind inspiriert vom öffentlichen Raum und der Atmosphäre der Straße.

320 MUROS TABACALERA

Embajadores 51
Centro ②
www.muros tabacalera.com

Im Rahmen des Projekts Muros Tabacalera wurden Wandbilder an den Mauern der alten Tabakfabrik Tabacalera angebracht, und so entstand ein urbaner Kunstraum für alle. Im Mai 2014 schufen 32 Künstler erstmals 27 Bilder, und seitdem werden die Wände jedes Jahr neu gestaltet.

320 MUROS TABACALERA

5 *Inneneinrichtungen von* ANGESAGTEN DESIGNERN

321 **ONE SHOT HOTEL**
VON LAS 2 MERCEDES
Salustiano Olózaga 4
Salamanca ③
+34 911 820 070
www.hoteloneshot recoletos04.com
www.las2mercedes.com

Cooles und sehr günstig gelegenes Viersternehotel, in dem sich alles um Kunst und Fotografie dreht. Die Innenarchitekten, zwei Freunde aus Sevilla, fanden in den sechzig Zimmern und den öffentlich zugänglichen Räumen des One Shot eine Bühne für ihren eklektischen Stil, der klassisches mit modernem Design mischt.

322 **LA FÁBRICA DE CAMISAS**
VON LOUIS GARCÍA FRAILE
Paseo de la Habana 33
Chamartín ⑦
+34 917 047 588
lafabricadecamisas.com
www.lgfstudio.com

Luis García Fraile stattet hauptsächlich Privathäuser aus, nimmt aber – wie bei diesem Hemdenladen – auch Aufträge für kommerzielle Objekte an, die er auf elegante und witzige Weise mit einem cleveren Mix aus Stoffen, Materialien und Stilen gestaltet. La Fábrica de Camisas richtete er typisch spanisch ein, gleichzeitig scheint aber alles von den Eindrücken seiner vielen Reisen durchdrungen zu sein.

323 **EL IMPARCIAL**
VON MADRID IN LOVE
Duque de Alba 4
Centro ②
+34 917 958 986
www.elimparcial madrid.com
www.madrid inlove.com

Dieses entspannte Restaurant in der Nähe von Tirso de Molina befindet sich in den ehemaligen Redaktionsräumen der Zeitung *Imparcial* und dient gleichzeitig als Café, Restaurant, Laden und Veranstaltungsraum. Die Innengestaltung vom Innenarchitekturkollektiv Madrid in Love verbindet Innovation mit Tradition.

324 **NAVAJA**
VON TATIANA GARCÍA BUESO
Valverde 42
Centro ①
+34 636 852 304
restaurantenavaja.com
www.espacios dearquitectura.com

Im Navaja gibt es Schwertmuscheln und Gerichte mit galicischen Zutaten und japanischen Einflüssen. Und dank Tatiana harmoniert die Inneneinrichtung perfekt mit dem Menü. Der mit recycelten Materialien gestaltete Raum strahlt minimalistischen Shabby-Chic-Charme aus. Auch die Inneneinrichtung der Tapasbar Juanita Banana und der Barbería Malayerba stammen von Tatiana.

325 **BENARES**
VON COUSI INTERIORISMO
Zurbano 5
Chamberí ⑤
+34 913 198 716
www.benares madrid.com
www.cousiinteriorismo yeventos.es

Der in London lebende, erfolgreiche indische Koch beauftragte Cousi Interiorismo damit, eine wunderbare Kulisse für seine ausgezeichnete Küche zu kreieren. Alicia und Alba, deren Projekt Cousi Interiorismo vom englischen Wort *cosy* inspiriert ist, schufen ein klassisch-elegantes Restaurant.

50 ORTE FÜR KULTURGENUSS

5 *Geheimnisse der*
MUSEEN *Madrids*

326 **PRADO**
Paseo del Prado s/n
Retiro ④
+34 902 107 077
www.museodelprado.es

Ende des 19. Jh. war der Prado in einem schlechten Zustand, die Mitarbeiter, die dort wohnten, schürten gelegentlich sogar ein Feuer. Der Journalist Mariano de Cavia war so verzweifelt über die desolaten Zustände, dass er eine Falschnachricht mit dem Titel »Feuer im Prado-Museum!!« veröffentlichte, der für großes Furore sorgte, sodass die Regierung wohl oder übel Abhilfe schaffen musste.

327 **MUSEO DEL ROMANTICISMO**
San Mateo 13
Centro ①
+34 914 481 045
museoromanticismo.mcu.es

Im Innenhof des Museums befindet sich eine Teestube im Stil des 19. Jh. Leichte Jazzmusik im Hintergrund sorgt für eine einladende Atmosphäre, in der man gerne plaudert oder sich bei einem guten Buch entspannt. Viel Grün, Bäume und ein Brunnen – hier können Sie im Sommer der Hitze der Stadt entfliehen. Leckeres Gebäck.

328 **MUSEO NACIONAL CENTRO DE ARTE REINA SOFÍA**
Santa Isabel 52
Centro ②
+34 917 741 000
www.museoreina sofia.es

Das aus dem 18. Jh. stammende Edificio Sabatini, in dem das Museum untergebracht ist, beherbergt außerdem ein fantastisches Café. Hier können Sie frühstücken oder vor oder nach dem Museumsbesuch einen Kaffee trinken. Draußen sitzt man in dem wunderschönen, von majestätischen Bäumen, Brunnen und Skulpturen umstandenen Garten.

329 **MUSEO ABC DE DIBUJO E ILUSTRACIÓN**
Amaniel 29-31
Centro ①
+34 917 588 379
museo.abc.es

Hier stand früher die allererste Brauerei von Mahou, der beliebtesten und ältesten Biermarke Madrids. Der 2014 errichtete, sehenswerte Neubau des Museums vom Architekturbüro Aranguren & Gallegos besteht aus einem vierstöckigen Kubus mit zwei Untergeschossen, deren grandiose Atmosphäre von natürlichem Licht und geometrischen Formen bestimmt wird.

330 **MUSEO SOROLLA**
Paseo del General Martínez Campos 37
Chamberí ⑤
+34 913 101 584
www.mecd.gob.es/msorolla

Sorolla war einer der gefragtesten Maler seiner Zeit und besonders bei der amerikanischen High Society beliebt. 1909 erstand Louis Comfort Tiffany, der Sohn des berühmten Juweliers, einige seiner Gemälde und gab ein Porträt in Auftrag. Die Bewunderung beruhte auf Gegenseitigkeit: Sorolla kaufte drei Lampen der Tiffany Glass Company, die noch heute in dem zu einem Museum umfunktionierten Wohnhaus ausgestellt sind.

5 besonders interessante Adressen für KUNSTFREUNDE

331 **FUNDACIÓN JUAN MARCH**
Castelló 77
Salamanca ③
+34 914 354 240
www.march.es

Nicht einmal viele Einheimische wissen, dass man hier kostenlos einzigartige, alle drei Monate wechselnde Ausstellungen hauptsächlich zeitgenössischer Künstler und Kunstrichtungen besuchen kann. Der kleine Laden hat tolle und seltene Kunstdrucke im Angebot.

332 **ESPACIO FUNDACIÓN TELEFÓNICA**
Fuencarral 3
Centro ①
+34 915 808 700
www.fundacion telefonica.com

Das 1929 eingeweihte Gebäude der historischen Telefónica-Zentrale an der Gran Vía war der erste spanische Wolkenkratzer und blieb 25 Jahre lang das höchste Gebäude der Stadt. Heute beherbergt es einen alternativen Kunstraum und eine Dauerausstellung zur Geschichte der Telekommunikation.

333 **FUNDACIÓN MAPFRE**
Paseo de Recoletos 23/
Bárbara de Braganza 13
Centro ①
+34 916 025 221
+34 915 816 100
+34 915 814 609
www.fundacion mapfre.org/fundacion

Diese Stiftung ist sowohl im alten Palast am Paseo Recoletos, in dem sensationelle internationale Kunstausstellungen zu sehen sind, als auch in der Calle Bárbara de Braganza präsent. Dort werden nur Fotos ausgestellt, wobei Arbeiten von jungen Talenten gemeinsam mit denen renommierter Künstler gezeigt werden.

334 **CAIXAFORUM**
Paseo del Prado 36
Centro ②
+34 913 307 300
obrasociallacaixa.org/es/cultura/caixaforum-madrid

Diese Architektur von Herzog & de Meuron ist an sich schon ein Kunstwerk. Das ehemalige Kraftwerk wurde in einen schwimmenden Kubus mit einem einzigartigen vertikalen Garten verwandelt. Die Besucher steigen eine beeindruckende Wendeltreppe im Inneren hinauf, die sie zu den Wechselausstellungen führt.

335 **FUNDACIÓN FRANCISCO GINER DE LOS RÍOS**
Paseo del General Martínez Campos 14
Chamberí ⑤
+34 914 460 197
www.fundacion giner.org

Sitz der Institución Libre de Enseñanza (Freien Lehranstalt), einer pädagogischen Bewegung der Dreißigerjahre. Zwei der originalen Pavillons wurden restauriert und bilden nun mit dem neuen, 5000 qm großen Gebäude, das mit verzinkten Stahlstäben verkleidet ist und ein fantastisch gestaltetes Auditorium beherbergt, eine spannungsreiche architektonische Einheit.

Die 5 sehenswertesten
KUNSTGALERIEN

336 **MONDO GALERIA**
San Lucas 9
Centro ①
+34 662 525 643
www.mondo galeria.com

Diese auf Fotografie und Design spezialisierte Galerie verfügt über eine Fotothek mit beeindruckender Sammlung. Jede Woche werden Seminare, Workshops und Meisterkurse bei den jeweils ausgestellten Künstlern angeboten, deren Ansatz Sie so besser verstehen lernen.

337 **GUILLERMO DE OSMA**
Claudio Coello 4
Salamanca ③
+34 914 355 936
www.guillermo deosma.com

Seit ihrer Eröffnung 1991 hat diese Galerie mehr als achtzig Ausstellungen zu moderner und zeitgenössischer Kunst mit Schwerpunkt auf der europäischen und lateinamerikanischen Avantgarde der Zeit von 1910 bis 1939 gezeigt. Außerdem ist sie jedes Jahr bei den großen Kunstmessen vertreten.

338 **HELGA DE ALVEAR**
Doctor Fourquet 12
Centro ②
+34 914 680 506
helgadealvear.com

Die 1995 gegründete Galerie gehört zu den renommiertesten der spanischen Kunstszene und ist international bekannt. Auf über 900 qm ist hier zeitgenössische Kunst aus aller Welt zu sehen.

339 GALERÍA MOISÉS PÉREZ DE ALBÉNIZ

Doctor Fourquet 20
Centro ②
+34 912 193 283
www.galeriampa.com

Eine der beeindruckendsten Adressen für Kunst in Madrid, und das bereits seit zwanzig Jahren. Die wechselnde Gestaltung der Fassade erweitert den Galerieraum nach außen. Hier werden nicht nur die Werke international renommierter Künstler, sondern auch die von talentierten Newcomern gezeigt.

340 IVORYPRESS

Aviador
Zorita 46-48
Tetuán ⑥
+34 914 490 961
www.ivorypress.com

1996 von Elena Ochoa Foster als Verlag gegründet. Heute gibt es hier neben der Galerie die vielleicht beste Kunstbuchhandlung der Stadt, außerdem jede Menge Veranstaltungen rund um zeitgenössische Kunst. Mittwochs kostenlose Führungen durch die ständige Sammlung mit Werken von Michael Long, Duchamp und Damien Hirst.

339 GALERÍA MOISÉS PÉREZ DE ALBÉNIZ

5

LIEBLINGS-KUNSTORTE

341 **BARRIO DE LAS LETRAS**
Centro ②
www.barrioletras.com

In diesem Stadtteil unweit von Madrids Museumsviertel lebten einst Schriftsteller wie Cervantes, Lopez de Vega oder Gongora. Heute gibt es hier eine lebhafte Kulturszene mit modernen Kunsthandwerkern, Kunstgalerien, Möbeldesignern, einem einzigartigen Kurzfilmfestival (Notodofilmfest) und PHotoESPAÑA, einem Festival für Fotografie und bildende Kunst.

342 **MATADERO MADRID**
Plaza de Legazpi 8
Arganzuela ⑧
+34 915 177 309
www.matadero madrid.org

Dieses ehemalige Schlachthaus am Fluss Manzanares ist seit 2013 eines der vielseitigsten Kulturzentren der Stadt. In sieben Räumen wird alles Mögliche, von Konzerten, Filmen und Fotografie bis hin zu Gemäldeausstellungen, angeboten.

343 **LA CASA ENCENDIDA**
Ronda de Valencia 2
Arganzuela ⑧
+34 915 062 180
www.lacasa encendida.es

Kulturzentrum in einem hundertjährigen Gebäude, in dem innovative und topaktuelle Kunst gefördert wird. Ausstellungen, Vorträge und Filmvorführungen, außerdem Tagungen und eine der besten Kunstbibliotheken Madrids.

344 **CALLE DEL DOCTOR FOURQUET**
Centro ②

Seit zwanzig Jahren ist die kleine Straße direkt hinter dem Museo Reina Sofía für ihre renommierten Kunstgalerien berühmt. Die 15 Galerien stimmen ihre Ausstellungen miteinander ab. Gäste, die an noch unbekannten oder bereits etablierten Künstlern interessiert sind, sind hier immer willkommen.

345 **CENTRO CULTURAL CONDE DUQUE**
Conde Duque 11
Centro ①
+34 913 184 450
www.condeduquemadrid.es

Diese ehemalige Kaserne wurde in den Siebzigerjahren zu einem der wichtigsten und kreativsten Kulturzentren Madrids. Hier ist das Stadtarchiv und eine der größten öffentlichen Bibliotheken untergebracht, außerdem treten Bands auf, es gibt ein Tanz-Festival, Kunstausstellungen und im Sommer Kino im Innenhof.

345 CENTRO CULTURAL CONDE DUQUE

5 Orte mit richtig guter LIVEMUSIK

346 **COSTELLO CAFE & NITE CLUB**
Caballero de Gracia 10
Centro ②
+34 915 221 815
www.costelloclub.com

Dieser Veranstaltungsort hat drei verschiedene Räumlichkeiten zu bieten: In der Golden Lounge im Erdgeschoss gibt es großartige Drinks. Durch einen schmalen Flur gelangt man von dort aus in die chillige White Lounge mit weißen Loungesofas. Und im Club im Keller treten jede Woche die besten Underground-Bands Madrids auf.

347 **LA RIVIERA**
Paseo Bajo de la Virgen del Puerto s/n
Centro ②
+34 913 652 415
salariviera.com

Einer der wichtigsten Veranstaltungsorte für Livemusik in Madrid mit Platz für über 2500 Gäste und zwei bis drei Auftritten in der Woche. Die einzigartige Krümmung des Raumes sorgt für perfekte Akustik und Sicht. Hier treten seit mittlerweile fünfzig Jahren international bekannte Bands und DJs auf.

348 EL JUNCO

Plaza de Santa Bárbara 10
Centro ①
+34 913 192 081
eljunco.com

Refugium für Nachteulen und Livemusik-Fans. Hier gibt es jeden Abend die beste Black Music von Jazz bis Funk, Soul, Hip-Hop oder Brazilian Fusion. Dienstags bis donnerstags Jamsessions.

349 MOBY DICK

Avenida de Brasil 5
Tetuán ⑥
+34 915 557 671
mobydickclub.com

1992 öffnete dieser beliebte Club, in dem vor allem – sowohl nationale als auch internationale – Indie-Bands auftreten. Der mit Holz verkleidete Innenraum in Form eines umgedrehten Bootsrumpfes sorgt für eine perfekte Akustik. Dank der intimen, kleinen Räumlichkeiten ist jedes Konzert etwas ganz Besonderes. Nach der Show kann man die Bar besuchen, ohne Eintritt zu bezahlen.

350 SALA CLAMORES

Albuquerque 14
Chamberí ⑤
+34 914 455 480
www.salaclamores.es

Dieser kleine Livemusik-Tempel wurde 1983 eröffnet. Ursprünglich einer der wenigen Jazzclubs von Madrid, dann kamen auch Blues, Fado und Funk sowie Auftritte von Flamencosängern, Coverbands und berühmten kubanischen Musikern dazu.

5 *Tablaos mit den besten*
FLAMENCO-SHOWS

351 **CORRAL DE LA MORERÍA**
Morería 17
Centro ②
+34 913 651 137
www.corraldelamoreria.com

Dieser 1956 gegründete Tablao, in dem schon Frank Sinatra und Ava Gardner zu Gast waren, wurde beim renommierten Festival del Cante de las Minas als bester Flamenco-Tablao der Welt ausgezeichnet. Blanca del Rey, Gewinnerin des Premio Nacional de Flamenco und Witwe von Manuel del Rey, dem Gründer des Lokals, wählt die auftretenden Künstler persönlich aus.

352 **CASA PATAS**
Cañizares 10
Centro ②
+34 913 690 496
www.casapatas.com

Eine bezauberndes, auf Tapas und spanische Küche spezialisierte Taverne, die sich zu einem der wichtigsten Flamenco-Tablaos der Hauptstadt entwickelt hat. Viele Berühmtheiten der modernen Flamencoszene, wie etwa Estrella Morente, Tomatito oder Pepe Habichuela, haben hier schon das Publikum mit ihrem Talent und ihrer Leidenschaft begeistert.

353 **CAFÉ DE CHINITAS**
Torija 7
Centro ②
+34 915 471 502
www.chinitas.com

Seinen Namen hat dieses im Erdgeschoss eines Palastes aus dem 17. Jh. untergebrachte Tablao von einem bekannten Café in Málaga, in dem Picasso und Dalí ein und aus gingen und das von Lorca besungen wurde. Auf der berühmten, mit farbenfrohen *mantónes de manila* dekorierten Bühne treten jeden Abend nur die besten Künstler auf.

354 **VILLA-ROSA**
Plaza de Santa Ana 15
Centro ②
+34 915 213 689
www.tablaoflamenco villarosa.com

Dem hervorragenden Flamencosänger Don Antonio Chacón ist es zu verdanken, dass dieses Lokal seit den Zwanzigerjahren zu den legendären Tablaos gehört. Im VIP-Separee im Keller gönnten sich der Hochadel und sogar der König selbst geheime Privatvorstellungen.

355 **TORRES BERMEJAS**
Mesonero Romanos 11
Centro ②
+34 915 310 353
torresbermejas.com

Die Inneneinrichtung zitiert die Torres Bermejas der Alhambra. Camarón, einer der besten Flamencosänger aller Zeiten, trat zwölf Jahre lang in diesem 1960 gegründeten Tablao auf. Hier lernte er auch den ebenso talentierten Gitarristen Paco de Lucía kennen.

Die 5 beeindruckendsten KIRCHEN *und* KATHEDRALEN

356 **BASÍLICA SAN MIGUEL**
San Justo 4
Centro ②
+34 915 484 011
www.bsmiguel.es

Bei dieser 1739 erbauten Kirche ist der italienische Einfluss unübersehbar. Ein zwar nicht besonders großes, aber für Madrids Architekturgeschichte äußerst wichtiges Bauwerk, das mit seiner einzigartigen konvexen Fassade eine einzigartige Interpretation des spanischen Barock darstellt.

357 **IGLESIA DE SAN MANUEL Y SAN BENITO**
Alcalá 83
Salamanca ③
+34 914 357 682
www.samasabe.es

Diese 1910 erbaute Kirche war während des Bürgerkriegs (1936) das Hauptquartier der Kommunisten. Die Kuppel ist eines der schönsten Beispiele für neobyzantinische Architektur in Madrid. Üppig mit Mosaiken ausgestattet, auf denen 16 heiliggesprochene Augustinermönche abgebildet sind.

358 **IGLESIA DE SANTA BÁRBARA**
General Castaños 2
Centro ①
+34 913 194 811
www.parroquiade santabarbara.es

1757 ließ sich Königin Maria Barbara de Bragança einen Palast als Altersruhesitz mit angeschlossenem Kloster und einer Mädchenschule errichten. 1870 wurde der gesamte Komplex mit Ausnahme der Kirche von General Prim zu einem Justizgebäude umfunktioniert, in dem heute das oberste Gericht Spaniens seinen Sitz hat.

359 **SAN ANTONIO DE LOS ALEMANES**
Puebla 22
Centro ①
+34 915 223 774

1624 in der Nähe des portugiesischen Krankenhauses erbaute Kirche, die nach der portugiesischen Unabhängigkeit in San Antonio de los Alemanes umbenannt wurde. Die eigentliche Attraktion hinter der etwas unscheinbaren Fassade ist die ovale, mit beeindruckenden Fresken ausgeschmückte Kuppel, auf denen Szenen aus dem Leben des hl. Antonius von Padua dargestellt sind.

360 **IGLESIA DE SAN ANDRÉS**
Plaza San Andrés 1
Centro ②
+34 913 654 871
www.iglesia sanandres.es

Eines der ältesten Gotteshäuser Madrids, erbaut auf den Ruinen einer Kirche aus dem 12. Jh., in der der Heilige Isidro – der Schutzpatron der Stadt – einst betete. Das heutige Gebäude stammt aus dem 17. Jh., wurde 1936 durch Brandstiftung beschädigt und 1986 komplett restauriert.

5

THEATER, *die Sie nicht verpassen sollten*

361 **MICROTEATRO POR DINERO**
Loreto y Chicote 9
Centro ①
+34 915 218 874
microteatro.es

Ein neues Theaterkonzept: Viertelstündige Ministücke, die für ein 15-köpfiges Publikum auf sechs verschiedenen Bühnen aufgeführt werden. Das macht das Theater nicht nur zugänglicher und erschwinglicher, sondern bietet neuen Autoren auch eine Gelegenheit, sich zu beweisen. Und eine Bar gibt es auch.

362 **TEATRO DE LA ZARZUELA**
Jovellanos 4
Centro ②
+34 915 245 400
teatrodelazarzuela.mcu.es

Der von einer Künstlervereinigung in Auftrag gegebene und 1856 am Geburtstag Isabellas II. eingeweihte Theaterbau diente vorrangig der Aufführung von Zarzuelas. Seit 1984 ist das Haus in Besitz der spanischen Regierung. Seitdem finden dort auch Tanz- und Flamencoaufführungen statt.

363 **TEATRO CALDERÓN**
Atocha 18
Centro ②
+34 914 294 085
teatrocalderon.es

Das 1917 eingeweihte Theater ist eines der schönsten Gebäude Madrids. Ursprünglich für Opernaufführungen gedacht, fasst es über 1000 Zuschauer. Heute gibt es hier internationale Musicals zu sehen.

364 **TEATRO LARA**
Corredera Baja de San Pablo 15
Centro ①
+34 915 239 027
www.teatrolara.com

Candido Lara, ein erfolgreicher Geschäftsmann, der sich in die High Society einkaufte, gab dieses vom Pariser Palais Royal inspirierte Theater 1879 in Auftrag. Geld spielte keine Rolle, daher waren die besten und teuersten Aufführungen Spaniens gerade gut genug. Auch heute noch bei Theaterfreunden sehr beliebt.

365 **TEATROS LUCHANA**
Luchana 38
Chamberí ⑤
+34 910 075 684
teatrosluchana.es

Das Haus der alternativen Theaterszene in einem ehemaligen Kino. Das Programm wechselt ständig, und auf mehreren Bühnen kommen Stücke junger Theatertruppen zur Aufführung – hier ist für jeden Geschmack etwas dabei.

362 **TEATRO DE LA ZARZUELA**

5
KINOS *mit Filmen in Originalfassung*

366 **YELMO IDEAL**
Doctor Cortezo 6
Centro ②
+34 913 691 053
yelmocines.es/cartelera/madrid/yelmo-cines-ideal

Das 1916 erbaute Kino mit seinen farbenfrohen Jugendstilglasfenstern im ersten Stock kann auf eine lange Geschichte zurückblicken. Eine Zeit lang war das Kino besonders bei Horrorfilmfreunden beliebt, da viele Horrorfilme als Triple Feature gezeigt wurden. Heute laufen in den neun Sälen die neuesten Blockbuster sowie internationale Independent-Filme.

367 **CINES RENOIR RETIRO**
Narváez 42
Retiro ④
+34 915 422 702
www.cinesrenoir.com

In den fünf Sälen dieses Lichtspielhauses, das einer der größten Kinoketten Madrids gehört, gibt es die neuesten internationalen Programmkino-Hits in Originalfassung mit Untertitel zu sehen.

368 **PEQUEÑO CINE ESTUDIO**
Magallanes 1
Chamberí ⑤
+34 914 472 920
www.pcineestudio.es

Seit 1973 erweist José Gago hier dem klassischen Kino seine Reverenz. Das kleine, gemütliche Kino (nur 124 Plätze) ist eine Institution für Cineasten. Wo sonst könnte man die Meisterwerke von Pasolini, Truffaut, Fassbinder oder Fellini auf der großen Leinwand bewundern?

369 **CINE DORÉ**

Santa Isabel 3
Centro ②
+34 913 693 225
www.mecd.gob.es/cultura-mecd/areas-cultura/cine/

In diesem eleganten Jugendstilgebäude ist die vor fünfzig Jahren gegründete nationale Filmbibliothek Spaniens untergebracht. Ein Muss für jeden Filmfreund sind die Filmreihen mit Werken berühmter Regisseure aus allen Epochen (Karten schon für 2,50 Euro). Reservierung empfehlenswert.

370 **CINE ESTUDIO**

CÍRCULO DE BELLAS ARTES
Alcalá 42 / Marqués de Casa Riera 4
Centro ②
+34 913 892 500
www.circulobellasartes.com

Seit der Wiedereröffnung 1999 das Kultkino für Filmfans. Das eigenwillige Programm zollt Schauspielern und Regisseuren Tribut, die Filmgeschichte gemacht haben. Zu seinem Ticket erhält man eine Broschüre mit Hintergrundinformationen zum jeweiligen Film.

369 **CINE DORÉ**

MARZO TODO
ALMODÓVAR

5 KULTURELLE VERANSTALTUNGEN *und* FESTIVALS

371 **CASA DECOR**
+34 917 556 834
casadecor.es

Jedes Jahr gestalten aufstrebende und renommierte Innenarchitekten, Möbeldesigner und Architekten vierzig Tage lang zusammen die Räume eines verlassenen oder zum Abriss freigegebenen Gebäudes. Eine in Europa einmalige Gelegenheit, die neuesten Trends in Sachen Inneneinrichtung zu bewundern.

372 **PHOTO ESPAÑA**
+34 913 601 326
www.phe.es

Das seit 1998 bestehende internationale Fotofestival wurde im Lauf der Jahre zu einer künstlerischen Institution. Die Bilder werden in den Museen, Galerien und sogar Geschäften der Stadt augestellt – die größte und beliebteste Veranstaltung des Madrider Sommers.

373 **ARCOMADRID**
FERIA DE MADRID
Avenida del Partenón 5
Barajas
+34 902 221 515
www.ifema.es/arcomadrid_01

Internationale Messe für zeitgenössische Kunst, die seit 1982 jedes Jahr im Februar in Madrid stattfindet und zu den wichtigsten Veranstaltungen ihrer Art gehört. Von der historischen Avantgarde bis zu den bedeutenden Künstlern von Morgen setzt ARCO in der spanischen Kunstszene wichtige Impulse.

374 **MULAFEST**
FERIA DE MADRID
Avenida del Partenón 5
Barajas
+34 902 221 515
www.mulafest.com

Auf diesem Festival kann man jeden Sommer die neuesten urbanen Trends kennenlernen. Egal ob Graffiti, Tattoos, Straßenkunst, Skating, Musik oder Mode: Hier können sich junge Künstler frei ausdrücken. Sie können sich Ihr Fahrrad »pimpen« lassen, mit dem Skateboard herumfahren oder am künstlichen Strand entspannen.

375 **VERANOS DE LA VILLA**
www.veranosdelavilla.com

Ohne die vielen Konzerte, Aufführungen, Veranstaltungen und Open-Air-Kinoaufführungen im Juli und August wäre Madrid nicht Madrid. Höhepunkt sind die von der Stadtverwaltung und den Freizeitzentren der Stadt geförderten Sommernachtskonzerte in den Jardines de Sabatini.

25 UNTERNEHMUNGEN MIT KINDERN

5 ×
SPASS IM FREIEN

376 **ZOO & AQUARIUM MADRID**
Casa de Campo s/n
Moncloa-Aravaca
+34 911 547 479
www.zoomadrid.com

Der 20 ha große, 1770 gegründete Zoo im Casa-de-Campo-Park beherbergt mehr als 6000 Tiere. Das angeschlossene Aquarium bietet Meeresfauna in einer beeindruckenden Vielfalt, die in Europa ihresgleichen sucht. Mit den Metrolinien 5 und 10 erreichbar.

377 **FAUNIA**
Avenida de las Comunidades 28
Vicálvaro
+34 911 547 482
www.faunia.es

Die Nachbildungen verschiedener Ökosysteme samt ihrer Pflanzen- und Tierwelt sind ebenso unterhaltsam wie lehrreich. Ein Rundgang durch den Park dauert etwa vier bis fünf Stunden und führt an so verschiedenen Habitaten wie einem Dschungel, einem afrikanischen Wald und der Polarregion vorbei. Von März bis Ende September geöffnet.

378 PARQUE WARNER

A-4, Ausfahrt 22
San Martín de la Vega
www.parquewarner.com

Tauchen Sie in fünf verschiedene Bereiche des Universums der Warner Bros. Filmstudios ein: Hollywood Boulevard, Movie World Studios, Old West Territory, Cartoon Village und Super Heroes World. Man glaubt fast, durch die Filmkulissen zu spazieren!

379 MADRID FLY

Avenida Ntra. Señora del Retamar 16
Las Rozas de Madrid
+34 912 648 353
https://en/madridfly.com

Mit 4,6 m Breite und 17 m Höhe der größte Vertikalwindtunnel Europas, erdacht von einem ehemaligen Weltmeister im Fallschirmspringen. Hier kann man ganz gefahrlos den freien Fall erleben. Kinder erst ab fünf Jahren.

380 SPORT HIELO

Silvano 77
Hortaleza
+34 917 160 159
www.sporthielo.com

Direkt neben dem Palacio-de-Hielo-Einkaufszentrum gelegene Eissporthalle, in der man unter besten Bedingungen Schlittschuhlaufen lernen oder üben kann. Schlittschuhe können vor Ort ausgeliehen werden. Handschuhe nicht vergessen! Sport Hielo ist von September bis Juni geöffnet.

5 *kinderfreundliche* RESTAURANTS

381 **KILÓMETROS DE PIZZA**
Zurbano 26
Chamberí ⑤
+34 910 612 474
kilometrosdepizza.com

Hier wird die Pizza meterweise serviert – und die längste ist 2 m lang! Sie können für jeden halben Meter unter vielen verschiedenen Belägen wählen. Die Pizzen sehen lustig aus und schmecken auch deshalb, weil der Teig mit italienischem Mehl hergestellt wird. Gebacken werden sie im größten Pizzaofen der Welt, der extra bei Castelli angefertigt wurde.

382 **CABAÑA MARCONI**
Camino del Cura 233
Encinar de los Reyes
+34 916 507 913
www.cabanamarconi.com

Nur eine zehnminütige Taxifahrt vom Zentrum entfernt. Eltern schätzen die sonnendurchfluteten Räume mit skandinavischem Flair, die Kinder können im Garten spielen. Die Speisekarte verrät die schwedisch-mexikanische Herkunft des Besitzers.

383 **LOS KIOSCOS IM FLORIDA RETIRO**
PARQUE DEL RETIRO
Paseo de Panamá s/n
Retiro ④
+34 918 275 275
www.floridaretiro.com

Das neu eröffnete Florida Retiro im Herzen des Retiro-Parks verfügt über einen wunderschönen Außenbereich. Essen Sie vor Ort oder stellen Sie sich ein Picknick für den Park zusammen. Jede der sieben Buden hat von Meeresfrüchten bis zu Tapas etwas anderes im Angebot.

384 **FILANDON**
Carretera Fuencarral-El Pardo (M-162), Km 1,9
El Pardo
+34 917 343 826
www.filandon.es

Auf dem Weg nach El Pardo kommen Sie zwangsläufig hier vorbei. Das riesige, renovierte und modernisierte Anwesen ist von einem beinahe einen Hektar großen Garten umgeben, den Ihre Kinder erkunden können, während Sie sich eine lange Mittagspause gönnen.

385 **COSTELLO RÍO**
Plaza General Maroto 4
Arganzuela ⑧
+34 916 216 197
costellorio.com

Ideal nach einem Bummel durch den Parque Madrid Río. Ein Hamburger und ein Milchshake in diesem wie ein amerikanischer Diner gestalteten, hellen und geräumigen Restaurant – mehr kann sich ein Kind nicht wünschen. Ein Riesenspaß für die ganze Familie, und noch dazu wird hier Wert auf Nachhaltigkeit gelegt: Die Tische sind aus Holzpaletten, die Lampen aus Dosen.

383 LOS KIOSCOS IM FLORIDA RETIRO

Die 5 coolsten

SPIELZEUGLÄDEN

386 **IMAGINARIUM**
Carmen 15
Centro ②
+34 915 238 729
www.imaginarium.es

Diese spanische Spielzeugmarke wurde 1992 gegründet und unterhält mittlerweile weltweit über 400 Filialen. Das Geheimnis des Erfolges ist die strenge Auswahl der Spielsachen für Babys und Kinder bis 75 Jahre. Die Filialen sind leicht an dem speziellen Kindereingang zu erkennen.

387 **DON JUEGO Y DON PUZZLE**
Alcalá 113
Salamanca ③
+34 914 314 349
www.donjuego.es

Lassen Sie sich von der Größe des Ladens nicht täuschen: Hier gibt es so ziemlich jedes der Menschheit bekannte Brettspiel und Puzzle. Neben Klassikern, Familien-, Solo- und Strategiespielen zu beinahe jedem Thema sind über 1700 verschiedene Puzzles vorrätig.

388 **TIENDAS ASÍ**
Principe de Vergara 12
Salamanca ③
+34 915 751 367
www.tiendas-asi.com

Die Läden dieses 1942 gegründeten Familienunternehmens führen Puppen, Plüschtiere, Zubehör, Puppenhäuser und -möbel, Kostüme, Sammlerstücke, Porzellan- und Stoffpuppen. Seit 1965 werden die Puppen auch im Haus entworfen und produziert.

389 **MACCHININE**
Barquillo 7
Centro ①
+34 917 010 518

Ein Paradies für Groß und Klein – aber ganz besonders für Autoliebhaber. Bei Macchinine gibt es über 10 000 Modellautos aus verschiedenen Epochen (Originale und Repliken), in verschiedenen Größen und Ausführungen, neu und gebraucht.

390 **BABY DELI**
Alcalá 91
Salamanca ③
+34 915 763 810
www.babydeli.com

Ein Café mit Spielbereich, wo von Montag bis Samstag auch Workshops für Kinder angeboten werden. Im zugehörigen Laden gibt es Lebensmittel, Hygieneartikel, Kosmetik, Kleidung aus Biobaumwolle, Schreibwaren, Bücher, Videos, Musik, Geschenke und Spielsachen.

390 BABY DELI

389 MACCHININE

5 MUSEEN,
die Ihre Kinder begeistern werden

391 **MUSEO DE CERA**
Paseo de Recoletos 41
Salamanca ③
+34 913 194 681
www.museocera madrid.com

Seit der Eröffnung des Madrider Wachsmuseums im Jahr 1972 haben sich Hunderte täuschend echte Nachbildungen von Filmstars, Fußballspielern, Politikern und historischen Persönlichkeiten zur Sammlung gesellt. Reisen Sie in 40 Räumen durch die Zeit. Sound- und Lichtshow.

392 **MUSEO DEL TRAJE**
Juan de Herrera 2
Moncloa-Aravaca ②
+34 915 504 700
museodeltraje.mcu.es

Seit 2004 gibt es hier eine interessante Sammlung von Originalkostümen aus dem 16. und 17. Jh. zu bestaunen, darunter auch Röcke und Unterröcke und einige exzellente Stücke aus dem Bereich der Herrenmode des 18. Jh.

393 **MUSEO DEL FERROCARRIL**
Paseo de las Delicias 61
Arganzuela ⑧
+34 915 390 085
www.museodel ferrocarril.org

Dieses 1984 in einem stillgelegten Bahnhof eröffnete Museum verfügt über eine vollständige Sammlung historischer Lokomotiven und Waggons in hervorragendem Zustand. Für Kinder werden allerhand lehrreiche Aktivitäten und Workshops zum Thema Eisenbahn geboten.

394 **MUSEO NACIONAL DE CIENCIAS NATURALES**

José Gutiérrez Abascal 2
Chamartín ⑤⑦
+34 914 111 328
mncn.csic.es

Ein Fossilien, Meteoriten, Mineralien und der menschlichen Evolution gewidmetes Museum, in dem man anhand von Fossilien aus allen Erdzeitaltern einen Rundgang durch die Geschichte unseres Planeten machen kann. Höhepunkt sind natürlich die Skelette der Dinosaurier und Riesensäugetiere.

395 **THE ROBOT MUSEUM**

Alberto Aguilera 1
Centro ①
+34 914 478 808
www.therobot museum.eu

Bemerkenswertes kleines Museum, das nur mit Führung besichtigt werden kann, bei der die Roboter erklärt und ihre Funktionen demonstriert werden. Zur größten Robotersammlung Europas zählen der berühmte Asimo von Honda sowie R2-D2 aus *Krieg der Sterne*.

394 MUSEO NACIONAL DE CIENCIAS NATURALES

Die 5 bezauberndsten Geschäfte für KINDERMODE

396 **BONNET À POMPON**
Lagasca 88
Salamanca ③
+34 910 609 915
www.bonnetapompon.com

Madrids wohl beeindruckendster, vom Innenarchitekten Lázaro Rosa-Violán ausgestatteter Kindermodeladen. Die Kleidung für Kinder von 0 bis 12 Jahren ist eine Mischung aus Boho-Chic, minimalistischeren Designs und traditionellen Stücken. Die Marke ist bei Müttern wegen der liebenswerten, geschmackvollen Farben sehr beliebt.

397 **NICOLI**
Lagasca 61
Salamanca ③
+34 914 472 202
www.nicoli.es

Für Kids von 0 bis 18. Elegante, bequeme und schicke Kindermode, dazu Accessoires: Schuhe, Taschen, Schals, Halsketten, Armbänder, Mützen und eine Million anderer Dinge. Hier können Sie Ihr Kind von Kopf bis Fuß einkleiden.

398 **TINYCOTTONS**
Lagasca 36
Salamanca ③
+34 910 664 002
www.tinycottons.com

Qualitativ hochwertige, kuschelweiche Kinderbekleidung aus Baumwolle in witzigen Designs. Der Familienbetrieb legt höchsten Wert auf faire Produktionsbedingungen. Und wenn Mama ein bestimmtes Modell ganz besonders gut gefällt, kann man es womöglich auch in Erwachsenengröße erstehen.

399 NANOS

Hermosilla 21
Salamanca ③
+34 915 764 447
www.nanos.es

Spanische Kinder sind stets schick und geschmackvoll eingekleidet. Und bei Nano gibt es seit mittlerweile fünfzig Jahren alles, was man dafür braucht – hier ist die komplette Garderobe von Mänteln über Strickjacken, Kleider, Hosen, Shorts, Hemden, Kapuzenpullovern, Mützen, Schals und Leggins bis hin zum Kommunionkleid erhältlich.

400 AL AGUA PATOS

Lagasca 52d
Salamanca ③
+34 918 316 298
https://www.alagua patos.es/polares.com

»¡Al agua, patos!« bedeutet so viel wie »Ab ins Wasser, ihr Entchen!«. 1994 gegründet, hat sich die Marke mittlerweile in ganz Spanien einen Namen mit süßen Unisex-Badesachen für Kinder gemacht. Außerdem eine bezaubernde Herbst-/Winterkollektion.

396 BONNET À POMPON

30 ORTE ZUM ÜBERNACHTEN

Die 5 besten

BOUTIQUE-HOTELS

401 **HOTEL ÚNICO**
Claudio Coello 67
Salamanca ③
+34 917 810 173
www.unicohotel madrid.com

Mit 44 modernen Zimmern und dem exzellenten Restaurant von Ramón Freixa (zwei Michelin-Sterne) ist das Hotel Único der Star der exklusiven Calle Claudio Coello. Das Gebäude aus dem 19. Jh. wurde perfekt restauriert und modernisiert. Die Lobby verfügt über zwei gemütliche Aufenthaltsräume, im etwas versteckten Garten kann man nach dem Shoppen wunderbar entspannen.

402 **ONLY YOU BOUTIQUE HOTEL MADRID**
Barquillo 21
Centro ①
+34 910 052 222
www.onlyyou hotels.com

Dieses in einem Gebäude aus dem 19. Jh. untergebrachte Hotel ist ein echtes Kunstwerk. Dank des Einrichtungskonzepts des Innenarchitekten Lázaro Rosa-Violán hat nicht nur jedes der 125 gemütlichen Zimmer eine ganz eigene Persönlichkeit, sondern auch die Rezeption mit der Wand aus weißen Koffern oder der beeindruckende überdachte Innenhof, in dem sich die Lobby befindet. Bar und Restaurant des Viersternehotels sind ein hipper Treffpunkt.

403 DEAR HOTEL

Gran Vía 80
Centro ①
+34 914 123 200
www.dearhotel madrid.com

Eine Oase der Ruhe an der hektischen Gran Vía und ein gemütliches Heim auf Zeit. Ganz in der Nähe dieses direkt an der Ecke der Plaza de España gelegenen Viersternehotels mit skandinavischer Anmutung befinden sich viele Restaurants, Geschäfte und Theater. Jedes Zimmer mit Blick auf die Straße. Beeindruckende Dachterrasse.

404 7 ISLAS HOTEL

Valverde 14
Centro ①
+34 915 234 688
www.7islashotel.com

Die Hauptattraktion dieses Hotels in einer ruhigen Seitenstraße der Gran Vía ist die Inneneinrichtung. Die Möbel von Borge Mogensen und Ilmari Tapiovaara harmonieren vorzüglich mit dem rustikalen Industriestil des Kikekeller Design Studio. Die drei Suiten verfügen über eine Privatterrasse mit großartigem Ausblick auf die Stadt.

405 TÓTEM MADRID

Hermosilla 23
Salamanca ③
+34 914 260 035
www.totem-madrid.com

Dieses todschicke Viersternehotel im Herzen des Salamanca-Viertels ist das jüngste unter Madrids Boutique-Hotels. Elegante Einrichtung, eine geräumige Lobby und eine auch bei Einheimischen beliebte Cocktailbar, dazu 63 mit unterschiedlichsten Stoffen individuell gestaltete Zimmer – allen gemeinsam ist nur das stilvolle Badezimmer mit schwarzem Marmor.

5 *prächtige*
LUXUSHOTELS

406 **GRAN MELIÁ PALACIO DE LOS DUQUES**
Cuesta de Santo Domingo 5-7
Centro ②
+34 915 416 700
www.melia.com/gran-melia-palacio-de-los-duques

Wahrscheinlich das beeindruckendste Luxushotel in Madrid de los Austrias befindet sich in einem Adelspalast aus dem 19. Jh. 1000 qm in zeitgenössischem Design und 180 von *Las Meninas*, Velázques' legendärem Gemälde, inspirierten Zimmern.

407 **THE PRINCIPAL MADRID HOTEL**
Marqués de Valdeiglesias 1
Centro ①
+34 915 218 743
www.theprincipalmadridhotel.com

Einmalige Location in einem atemberaubenden Renaissancegebäude neben dem geheimnisumwitterten Metropolis-Haus. Inneneinrichtung in einem wilden Stilmix aus klassischem britischen Herrenhaus und französischem Palais, die 76 Zimmer besitzen das maskuline Flair eines Lofts in Manhattan.

408 **HOTEL URSO**
Mejía Lequerica 8
Centro ①
+34 914 444 458
hotelurso.com

Erstes Fünfsternehotel rund um die Tribunal-Metro-Station und den Barceló-Markt. 78 Zimmer, Restaurant und tolles Spa. Unaufdringliche, moderne Einrichtung in Grün, Grau und Beige.

409 **SANTO MAURO AUTOGRAPH COLLECTION**
Zurbano 36
Chamberí ⑤
+34 913 196 900
www.autograph-hotels.marriott.com

Der Palast des Herzogs von Santo Mauro im exklusiven Wohnviertel Almagro wurde im späten 19. Jh. erbaut und schon vor vielen Jahren in ein Luxushotel umfunktioniert. Durch französisch angehauchte Einrichtung fühlt man sich auch heute noch, als würde man den Herzog übers Wochenende besuchen.

410 **VILLA MAGNA**
Paseo de la Castellana 22
Salamanca ③
+34 915 871 234
www.villamagna.es

Die wichtigsten Sehenswürdigkeiten und Shopping-Hotspots befinden sich in unmittelbarer Nähe. Lassen Sie sich von der dunklen Betonfassade nicht täuschen: Im Inneren trifft klassischer Stil auf modernen Luxus. Das Hotel gehört zur Gruppe Leading Hotels of the World und ist besonders bei Geschäftsreisenden sehr beliebt.

407 THE PRINCIPAL MADRID HOTEL

5 Hotels mit tollen

SWIMMINGPOOLS

411 **HOTEL EMPERADOR**
Gran Vía 53
Centro ①
+34 915 472 800
www.emperador hotel.com

Beeindruckendes klassisches Hotel mit ebenso klassisch eingerichteten 232 Zimmern in bester Lage. Auf dem Dach erwartet Sie der wohl größte und eindrucksvollste Swimmingpool der Stadt. Auch für Nicht-Hotelgäste zugänglich (Tageskarte: 48 Euro).

412 **ROOM MATE ÓSCAR**
Plaza Pedro Zerolo 12
Centro ①
+34 917 011 173
room-matehotels.com

Das schwulenfreundliche Hotel befindet sich direkt an der Plaza Pedro Zerolo. Wenn es im Chueca-Viertel etwas zu feiern gibt, sind die 79 originellen, farbenfrohen Zimmer regelmäßig ausgebucht. Die Bar und der Swimmingpool auf der Dachterrasse sind an Sommerabenden ein beliebter Treffpunkt zum Aperitivo.

413 **HOTEL WELLINGTON**
Velázquez 8
Salamanca ③
+34 915 754 400
www.hotel-wellington.com

Grande Dame unter den Luxushotels Madrids. Seit seiner Eröffnung 1952 beherbergt das Fünfsternehaus Adlige, Filmstars und Politiker. Großartiger Swimmingpool auf dem Dach des ersten Stocks im Innenhof mit netter Bar.

414 HOTEL URBAN
Carrera de San
Jerónimo 34
Centro ②
+34 917 877 770
www.hotelurban.com

Hinter der Fassade aus Stahl und Glas schlummern einige Geheimnisse: Zum einen eine herausragende Kunstsammlung mit einzigartigen Stücken wie etwa einer 2000 Jahre alten buddhistischen Statue. Und zum anderen bietet der kleine, aber gemütliche Swimmingpool auf dem Dach einen fantastischen Blick auf die Stadt.

415 NH COLLECTION MADRID COLÓN
Marqués
de Zurgena 4
Salamanca ③
+34 915 760 800
www.nh-hotels.com

2016 gründlich renoviertes Hotel der Spitzenklasse mit modernen, eleganten weiß-grauen 146 Zimmern in unübertroffener Lage nahe Castellana und Plaza Colón. Swimmingpool und Solarium im vierten Stock sind angenehm großzügig proportioniert.

412 ROOM MATE ÓSCAR

5 *der besten*

DESIGNER-HOSTELS *und* BUDGET-HOTELS

416 **SAFESTAY**
Sagasta 22
Chamberí ⑤
+34 914 450 300
www.safestay.com

Dieses Hostel in einem von Grund auf renovierten Gebäude aus dem 19. Jh. demonstriert, dass man auch mit kleinem Budget nicht auf Luxus verzichten muss. Safestay verbindet die typische Hostelerfahrung mit dem Service eines Qualitätshotels.

417 **PRAKTIK METROPOL**
Montera 47
Centro ②
+34 915 212 935
www.praktik metropol.com

In der in letzter Zeit sehr angesagten Calle Montera gelegen. Die makellos weißen Räume mit den Vintage-Möbeln haben einen skandinavischen Touch, der Höhepunkt ist jedoch die schöne Terrasse mit Liegestühlen im neunten Stock mit Panoramablick auf die Stadt. (Ab Juni 2019 wegen Renovierung geschlossen.)

418 **THE HAT**
Imperial 9
Centro ②
+34 917 728 572
thehatmadrid.com

Dieses Hotel mit 42 Zimmern in einem renovierten Gebäude aus dem 19. Jh. ist für jede Menge Überraschungen gut, beispielsweise kann man in der Lobby das Angebot der Gastrobar kosten. Hauptattraktion ist jedoch die Dachterrasse mit Barbecue, wechselnden Kunstausstellungen und DJ-Sessions.

419 SLEEP'N ATOCHA

Doctor Drumen 4
Centro ②
+34 915 399 807
www.sleepnatocha.com

Sleep'n Atocha ist eines der jüngsten Budget-Hotels Madrids mit supercoolem, gepflegtem Design. Angesichts der Lobby ist es schwer zu glauben, dass man hier schon ab 41 Euro ein Zimmer bekommen kann. Und noch dazu sind die besten Museen – Reina Sofía, Prado und Thyssen – nur fünf Gehminuten entfernt.

420 ROOM 007

Hortaleza 74
Centro ①
+34 913 688 111
www.room007.com

Hier bekommt man einiges für sein Geld: 32 Doppel- und Dreierzimmer im Industriedesign sowie Schlafsäle (4 bis 11 Betten) mit jeweils eigenem Badezimmer, außerdem ein cooles Restaurant, einen Aufenthaltsraum, wo man Filme sehen kann, und selbstverständlich auch eine kleine Dachterrasse.

417 PRAKTIK METROPOL

5 Hotels mit
GESCHICHTE

421 **GRAN HOTEL INGLÉS**
Echegaray 8
Centro ②
+34 913 600 001
www.granhotel ingles.com

Seit Jahrzehnten das erste Haus am Platze und Herberge vieler Aristokraten, Künstler und Politiker. Zum ersten Mal bewarb sich das Hotel 1929 in einem Reiseführer als erstklassige Luxusunterkunft in der Hauptstadt. Bedauerlicherweise musste es 2012 im Zuge der Wirtschaftskrise schließen, wurde 2018 aber nach einer umfassenden Renovierung wieder eröffnet und ist heute glamouröser denn je zuvor.

422 **NH COLLECTION MADRID SUECIA**
Marqués de Casa Riera 4
Centro ②
+34 912 000 570
www.nh-hoteles.es

1956 von der schwedischen Königsfamilie zur offiziellen Unterkunft erkoren und seither als Casa Suecia bekannt. Beliebter Treffpunkt für schwedische Geschäftsleute und Persönlichkeiten wie Harald Elling Nordin. In den Fünfzigern und Sechzigern stiegen hier Ernest Hemingway und Che Guevara bei ihren Madridbesuchen ab.

423 **THE WESTIN PALACE**
Plaza de las Cortes 7
Centro ②
+34 913 608 000
www.westinpalace madrid.com

Errichtet auf den Trümmern des Palastes der Herzöge von Medinaceli. Noch früher residierte hier der Herzog von Lerma, dessen Palast die Größe einer eigenen kleinen Stadt hatte. Das Hotel – bei seiner Fertigstellung 1910 das größte Europas – wurde in 18 Monaten erbaut und kostete 15 Millionen Peseten (entspricht 90 000 Euro).

424 **ME MADRID REINA VICTORIA**
Plaza de Santa Ana 14
Centro ②
+34 917 016 000
www.melia.com

1919 bis 1923 von dem spanischen Architekten Jesus Carrasco-Muñoz y Encina als Kaufhaus namens Almacenes Simeón entworfen und gebaut. Erst 1986 zu einem Hotel umfunktioniert. Zeitweise war es als das »Hotel der Stierkämpfer« bekannt, da sich die Matadoren während des San-Isidro-Festes hier umzuziehen pflegten.

425 **PALACIO DEL RETIRO AUTOGRAPH COLLECTION**
Alfonso XII 14
Retiro ④
+34 915 237 460
www.marriott.com

Ein Palast, den José Luís Oriol Urigüen zwischen 1913 und 1914 als Familiensitz entwarf und erbaute. 2002 von Miguel de Oriol y Ybarra, einem seiner Nachkommen, renoviert und zu einem Hotel umgebaut. Derzeit an die 2004 gegründete Palacio del Retiro Autograph Collection vermietet.

Die 5 coolsten
FERIENWOHNUNGEN

426 **ERIC VÖKEL**
San Bernardo 61
Centro ①
+34 934 334 631
www.ericvokel.com

Nur wenige Schritte von der Calle de la Palma entferntes Apartmenthaus mit hübscher Einrichtung und an Barcelona erinnernde Mosaikfliesen. Voll ausgestattete Wohnungen und Rezeptionsservice. Die Penthouse-Apartments verfügen über eine herrliche Privatterrasse.

427 **GRAN VÍA CAPITAL**
Gran Vía 48
Centro ①
+34 910 284 776
www.granviacapital.es

Dieses vom spanischen Architekten Rafael de la Hoz entworfene Gebäude war der erste Neubau in der Gran Vía seit 1932. Das ultimative Luxusapartment-Erlebnis: Jacuzzi im 13. Stock, Sauna, Fitnessstudio, Parkhaus und eine rund um die Uhr besetzte Rezeption.

428 **ASPASIO BOUTIQUE APARTMENTS**
San Mateo 16
Centro ①
+34 618 767 147
www.aspasios.com

Nette Lage im schönen Justicia-Viertel. Jedes der eleganten und gemütlichen Apartments ist modern eingerichtet, ohne die Details des Originalgebäudes zu vernachlässigen. Das entzückende Terrassenapartment mit zwei Schlafzimmern ist bereits ab 100 Euro pro Nacht zu haben.

429 **60 BALCONIES RECOLETOS**
Almirante 17
Centro ①
+34 917 553 926
www.60balconies.com

Diesen an der coolen Calle del Almirante gelegenen Apartments liegt die Philosophie zugrunde, den Gästen eine Wohnung zu bieten, wie sie auch einem designbewussten Einheimischen gehören könnte. Jedes Apartment ist individuell gestaltet und mit Kunstwerken ausgestattet, die man auch erwerben kann.

430 **MATUTE 11**
Plaza de Matute 11
Centro ②
+34 609 354 982
www.matute11.com

Nur wenige Schritte von der Plaza Santa Ana entfernt liegt dieser von 2010 bis 2015 renovierte Stadtpalast – ein Herzensprojekt von Marga Pérez, einer Designspezialistin mit einem Händchen für Raumneukonzeption. Jedes der 25 geräumigen, individuell eingerichteten Apartments hat seinen eigenen Charakter.

427 **GRAN VÍA CAPITAL**

437 **PARQUE MADRID RÍO**

30 AKTIVITÄTEN FÜRS WOCHENENDE

Die 5 besten
FLOHMÄRKTE

431 **EL RASTRO**
Calle de Toledo
Centro ②

Madrids beliebtester Flohmarkt. Seit 400 Jahren ist er eine Fundgrube für interessante Objekte – besonders lohnend ist ein Besuch der Antiquitätenstände rund um die Calle Ribera de Curtidores. Jeden Sonntag von 9 bis 15 Uhr in La Latina.

432 **MERCADO DE MOTORES**
MUSEO DEL FERROCARRIL
Paseo de las Delicias 61
Arganzuela ⑧
mercadodemotores.es

Dieser Flohmarkt findet jedes zweite Wochenende im Monat (außer im August) im und um das Museo del Ferrocarril herum statt. Örtliche Geschäfte und Handwerker stellen ihre Produkte zur Schau, und Privatpersonen verkaufen Schätze, die sie auf dem Dachboden gefunden haben. Tolle Vintage-Bekleidung und -Möbel.

433 **NÓMADA MARKET**
Plaza de la Cebada
Centro ②
www.nomadamarket.com

Findet seit 2005 alle zwei Monate einmal am Wochenende statt und dient hauptsächlich jungen, aufstrebenden Designern als Plattform – von Mode über Accessoires, Illustrationen, Schmuck, Möbel und Lampen bis hin zu Schuhen und Briefpapier.

434 **MERCADO PRODUCTORES**
MATADERO MADRID
Paseo de la Chopera 14
Arganzuela ⑧
+34 622 255 851
mercadoproductores.es

Immer am letzten Wochenende des Monats hat man hier die Gelegenheit, die Lebensmittelproduzenten und Bauern rund um Madrid kennenzulernen, die vielen regional erzeugten Bio-Produkte zu kosten und zu kaufen und die typische Madrider Küche zu entdecken.

435 **MERCADO CENTRAL DE DISEÑO**
MATADERO MADRID
Paseo de la Chopera 14
Arganzuela ⑧
www.mercadodediseno.es

Einmal pro Monat an einem Wochenende, ausgenommen Januar und Februar. In unvergleichlicher Atmosphäre mit viel Musik und gutem Essen präsentieren sich hier nationale und internationale Designer. Bei 600 qm voller Design, Livemusik und Foodtrucks wird einem so schnell nicht langweilig.

431 EL RASTRO

5 Tipps für
RADFAHRER

436 MADRID BICI
www.bicimad.com

Diese E-Bikes stehen praktisch überall. Als Gelegenheitsnutzer befolgt man einfach die Anweisungen an der Verleihstation. Die App informiert Sie darüber, wie viele Fahrräder gerade an einer bestimmten Station verfügbar sind.

437 PARQUE MADRID RÍO
Arganzuela ⑧

Madrids Pendant zu New Yorks High Line Park – nur größer und grüner. Der 30 km lange Weg am Fluss Manzanares entlang (den man sich allerdings mit den Fußgängern teilen muss) ist mit dem »Anillo Verde« (Grüner Ring) verbunden, einem Radweg, der um Madrid und seine Vororte herum führt. Im Sommer verwandelt sich der Park in einen Stadtstrand.

438 CASA DE CAMPO
Moncloa-Aravaca

Eine 17 km lange Radroute einmal um den Park herum und vorbei an mehreren Sehenswürdigkeiten wie dem Flüsschen Antequina, der Casa de Vacas (Haus der Kühe) und dem Covatillas-Hügel. Die Fahrt dauert etwa zwei Stunden.

439 PALACIO REAL
Plaza de Oriente
Centro ②

Radeln Sie zur Plaza de Oriente und bewundern Sie das Opernhaus, den königlichen Palast und die Almudena-Kathedrale. Anschließend geht es zum Parque del Oeste – machen Sie Rast am Tempel von Debod und genießen Sie die Aussicht auf den Casa-de-Campo-Park.

440 PARQUE FELIPE VI
Valdebebas

Es ist noch nicht lange her, dass der Parque Felipe VI im Valdebebas-Viertel landwirtschaftlich genutzt wurde. Deshalb ist der 470 ha große, wunderschön angelegte Park noch kaum bekannt, und es kommt nicht selten vor, dass man der einzige Radfahrer weit und breit ist. Angepflanzt wurde die typische Vegetation der spanischen Halbinsel.

437 PARQUE MADRID RÍO

5 *Adressen für*
BEAUTY *und* MASSAGE

441 **NATURA BISSÉ SPA**
HOTEL URSO
Mejía Lequerica 8
Centro ①
+34 914 444 458
hotelurso.com

Das Spa des Luxus-Boutique-Hotels Urso hat zusammen mit der Kosmetikmarke Natura Bissé eine Behandlung zur Anreicherung der Haut mit Sauerstoff entwickelt. Kombinieren Sie diese Anwendung mit Gesichts- und Körperbehandlungen, und Sie werden sich nach zwei entspannenden Stunden wie neugeboren fühlen!

442 **THE ORGANIC SPA**
Lagasca 90
Salamanca ③
+34 915 775 670
www.theorganicspamadrid.com

Dieses nach eigenen Angaben erstes Bio-Spa Europas bietet eine ganze Reihe von Gesichts- und Körperanwendungen in eleganter Umgebung an. Besonders zu empfehlen ist die traditionelle Thai-Massage, die balinesischen Massagetechniken oder hawaiianische Lomi Lomi.

443 **ISAAC SALIDO**
Villalar 11
Salamanca ③
+34 915 762 175
www.isaacsalido.es

Ungewöhnlicher Kosmetiksalon, denn die Kreation des Friseurs und Stylisten Isaac Salido, zu der auch ein japanisches Restaurant mit Cocktailbar gehört (NikONikO), sieht auf den ersten Blick gar nicht danach aus. Und doch dreht sich hier alles um Beauty, Wellness – und darum, Sie zu verwöhnen.

444 **TACHA**

Castellana 60
Salamanca ③
+34 915 612 433
tacha.es

Haarpflege, Schönheitsbehandlungen, Kosmetik, Massagen: Tacha ist ganz der Schönheit der Frau gewidmet, und das vor lichtdurchfluteter, architektonisch herausragender Kulisse. Viele spanische Promis schwören auf Natalia de la Vegas kundige Hände.

445 **HANDMADE BEAUTY**

Conde de Xiquena 17
Centro ①
+34 913 196 610
handmade beauty-db.com

Bio-Schönheitssalon und -Nagelstudio – die Produkte der hauseigenen Kosmetikmarke stehen auch zum Verkauf. Vegane Maniküren und Pediküren auch für schwangere Frauen und Menschen mit Zöliakie. Bezaubernde Inneneinrichtung mit antiken Stühlen und hellen Farben.

443 **ISAAC SALIDO**

5
TAGESAUSFLÜGE
ins Umland

446 **EL ESCORIAL**
el-escorial.com

45 km nordwestlich von Madrid gelegen und mit dem Bus von Moncloa aus erreichbar. Der Ort heißt nach dem Kloster und Palast ebenfalls El Escorial. Ursprünglich war der Bau als Grablege für König Philipp II. und seine Familie sowie als Denkmal seiner Siege über die Franzosen in der Picardie gedacht.

447 **SEGOVIA**
www.turismodesegovia.com

Die etwa 90 km nördlich von Madrid gelegene Stadt Segovia ist Weltkulturerbe. Schlendern Sie durch die Altstadt, bewundern Sie den römischen Aquädukt, die Kathedrale und den Alcázar-Palast aus dem 11. Jh. Hier ließ sich Königin Isabella von Christoph Kolumbus zur Finanzierung seines Abenteuers überreden.

448 **TOLEDO**
turismo.toledo.es

Toledo gehört zum Weltkulturerbe und ist auch als Stadt der drei Kulturen bekannt, da hier Christen, Moslems und Juden jahrhundertelang zusammenlebten. Heimat des Malers El Greco. Etwa 70 km südlich von Madrid gelegen und leicht mit dem Zug vom Bahnhof Atocha aus erreichbar.

449 **PALACIO REAL EL PARDO**
www.elpardo.net

Man kann noch einige Elemente des mittelalterlichen Bauwerks erkennen, über dem dieser Palast im 16. Jh. errichtet wurde. Erkundigen Sie sich vor Ihrem Besuch, ob auch wirklich geöffnet ist, da in dem Palast seit 1983 gelegentlich Staatsoberhäupter auf Spanienbesuch untergebracht werden. Mit dem Bus Linie 601 von Moncloa aus erreichbar.

450 **ARANJUEZ**
www.aranjuez.com

Zu dieser UNESCO-Weltkulturerbe-Stadt gelangen Sie in 50 Minuten mit dem Bus von der Estación Sur aus. Besichtigen Sie den majestätischen Königspalast aus der Zeit der Renaissance und die Brunnen im Schlosspark. Der Palast ist ziemlich groß, bringen Sie ausreichend Zeit mit.

5 tolle FREIBÄDER und POOLS

451 **GYMAGE LOUNGE RESORT**
Luna 2
Centro ①
+34 915 320 974
www.gymage.es

Das Clubhaus des Gymage-Sportvereins verfügt über ein Fitnessstudio, eine wunderschöne Dachterrasse, ein Restaurant, eine Cocktailbar, eine Sonnenterrasse und einen hübschen kleinen Infinity-Swimmingpool (auch für Nichtmitglieder). Preise auf der Website einsehbar.

452 **PISCINA DE VERANO** UNIVERSIDAD COMPLUTENSE
Obispo Trejo 8
Moncloa-Aravaca
+34 913 941 174
www.ucm.es/piscina-de-verano

Zu diesem Freibad haben nur Professoren, Studenten (auch von einer anderen Universität, Studentenausweis nicht vergessen) und deren Gäste zutritt. Dafür gibt es hier viele junge Leute und keine Kinder oder lauten Familien. Eintritt 5 Euro.

453 **MELIÁ BARAJAS**
Avenida de Logroño 305
Barajas
+34 917 477 700
www.melia.com

Wer der Sommerhitze in der Stadt entfliehen möchte, sollte die 15-minütige Taxifahrt zum Hotel Meliá Barajas (auf dem Weg zum Flughafen gelegen) auf sich nehmen. Für 30 Euro dürfen Sie nicht nur den tollen Pool besuchen (Handtuch inklusive), sondern auch im Gartenrestaurant essen.

454 ÁREA RECREATIVA DE RIOSEQUILLO

Carretera Madrid-Irún, Km 74
Buitrago del Lozoya
+34 912 932 047

80 km nördlich von Madrid befindet sich der Riosequillo-Stausee, von dem aus man einen fantastischen Blick auf die Berge hat. Das neben dem See angelegte Schwimmbad ist von einem Garten mit Bäumen umgeben. Schöner Ort für ein Picknick. An Sommerwochenenden kommen viele Familien hierher.

455 PISCINAS DE LAS BERCEAS

Carretera Fuenfría, Km 3,9
Cercedilla
+34 918 525 740
www.cercedilla.es/las-berceas

Las Berceas wäre eine perfekte Kulisse für ein Foto von Slim Aarons in den Siebzigerjahren gewesen. 60 km nordwestlich von Madrid liegt dieses Freibad in einer einzigartigen Landschaft, eingebettet in einen Naturpark in den Bergen von Dehesas und umgeben von Pinien. Ohne Chemikalien zur Wasseraufbereitung.

5 perfekte Orte für YOGA und PILATES

456 **AYOGA**
Atocha 56
Centro ②
+34 653 717 005
ayoga.es

Das erste Yoga-Zentrum in Madrid, dessen Kurse traditionelle Techniken lehren, aber auch aktuelle Trends berücksichtigen. Zum Angebot gehören Hatha, Vinyasa, Kundalini, Yin Yoga, Aerial Yoga, Pilates und sogar Kinderyoga. Zehnerkarten oder monatlicher Beitrag, Probestunde 15 Euro.

457 **ZENTRO URBAN YOGA**
Claudio Coello 5
Salamanca ③
+34 635 822 237
www.zentroyoga.com

Eines der wegweisenden Yoga-Zentren in Spanien; das erste Studio eröffnete 2005. Kurse in verschiedenen Yoga-Disziplinen, Pilates und Achtsamkeit. Eine Stunde kostet 18 Euro.

458 **BIKRAM YOGA SPAIN**
Maldonado 52
Salamanca ③
+34 910 090 870
www.bikramyoga spain.es

Bikram-Yoga ist eine schweißtreibende Angelegenheit, denn dabei werden 90 Minuten lang 26 traditionelle Yogastellungen in einem 40 °C warmen Raum bei 50 Prozent Luftfeuchtigkeit durchgeführt. Prima geeignet, um den Jamón Ibérico wieder rauszuschwitzen … Auch Nicht-Mitglieder dürfen mitmachen (20 Euro).

459 **ELIZA COOLSMA**
IMPACT HUB ALAMEDA
Alameda 22
Centro ②
www.elizacoolsma.com

In ihrem früheren Leben war Eliza Redakteurin eines Modemagazins. Dann schlug sie einen neuen Weg ein und studierte viele Jahre lang verschiedene Yoga-Techniken. Heute unterrichtet sie Flow-Kurse und bietet Sessions in englischer Sprache an. Schnupperstunde 5 Euro, jede weitere Einzelstunde 12 Euro.

460 **ESTHER HUERGA**
General Pardiñas 22
Salamanca ③
+34 910 176 156
www.estherhuerga.com

Esther Huerga ist auf Pilates und Hypopressive Abs spezialisiert und arbeitet in ihrem Studio mit Pilates-Reformern und Matten. Stunden für eine oder bis zu vier Personen. Eine Stunde für zwei Personen kostet 80 Euro.

456 **AYOGA**

CAPITOL
vodafone
Schweppes

40 WISSENSWERTE DINGE UND UNNÜTZE DETAILS

5

FESTE, *die Sie nicht verpassen sollten*

461 **LA ALMUDENA**

Dieses Fest wird am 9. November zu Ehren der Jungfrau von Almudena gefeiert, einer der Schutzheiligen der Stadt Madrid (zusammen mit San Isidro und La Paloma). Die Virgen de la Almudena ist eine kleine, in der nach ihr benannten Kathedrale aufgestellte Holzskulptur der Muttergottes mit Kind.

462 **SAN ISIDRO**

Am 15. Mai begeht Madrid das Fest seines Schutzpatrons. Traditionell beginnen die Feierlichkeiten mit einem großen Picknick im Parque de San Isidro. Am Nachmittag folgt ein Stierkampf in Las Ventas, denn zum Fest gehört das wichtigste Stierkampffestival der Welt. Und am Abend klingt der Tag mit *el chotis* aus, der überall in den Straßen der Altstadt getanzt wird.

463 **VERBENA DE SAN ANTONIO DE LA FLORIDA**

Bei diesem Fest am 13. Juni wird das Brot für die Armen gesegnet. Im 19. Jh. entstand außerdem ein bis heute beliebtes Ritual: Unverheiratete Frauen opfern dem Heiligen 13 Nadeln, in der Hoffnung, im nächsten Jahr einen Ehemann zu finden. Das Fest endet mit einer Tanzveranstaltung im Freien.

464 **VERBENA DE LA PALOMA**

Im August werden im Stadtzentrum hintereinander drei Feste zu Ehren der Heiligen Kajetan und Laurentius sowie zuletzt das von »La Paloma« gefeiert. Die Verbena de la Paloma ist ein großes Straßenfest mit Essen und Tanz am 15. August. Sie hat ihren Ursprung in dem 1787 von Nonnen gefundenen Marienbild, das heute in der nach ihr benannten Kirche zu sehen ist.

465 **DREIKÖNIGSFEST**

Am Abend des 5. Januar wird in der ganzen Stadt das Dreikönigsfest mit prächtigen Straßenumzügen zu Ehren der Ankunft der drei Weisen gefeiert. In der folgenden Nacht hinterlassen die drei Könige Geschenke für artige Kinder und Kohle für alle, die weniger brav waren.

5

DREHORTE *und* FILME, *die in Madrid spielen*

466 DAS BOURNE ULTIMATUM (2007)

Einige der Szenen im dritten Teil der Filmreihe über einen Agenten mit Amnesie, gespielt von Matt Damon, wurden in Madrid gedreht. Im Café del Principe an der Plaza de Canalejas trifft sich ein Journalist (Paddy Condisine) mit dem Madrider CIA-Chef. Bourne entkommt später aus einer Wohnung in der Calle Virgen de los Peligros, darauf folgt eine spektakuläre Autoverfolgungsjagd durch das Castellana-Viertel.

467 DÍAS DE FÚTBOL (2003)

In dieser urkomischen spanischen Komödie dreht sich alles um das Viertel La Elipa. Der Film, der in einem Wohnblock mit Sozialwohnungen aus den Sechzigerjahren spielt, zeigt den Fußballplatz, den hölzernen Picknicktisch und das Graffiti mit dem Slogan »Metro Ya«, der lange bestehenden Forderung nach einer Metrostation für den Stadtteil (sie wurde schließlich 2007 gebaut).

468 DAS GOLDENE ZEITALTER DES FILMS IN MADRID

Stars wie Charlton Heston, Ava Gardner, Sophia Loren, John Wayne und Bette Davis – sie alle kamen nach Madrid und wurden bei ihrer Ankunft von Paparazzi und Fans mit Blumensträußen empfangen. In den Fünfziger- und Sechzigerjahren drehte der visionäre amerikanische Produzent Samuel Bronston 68 epische Filme in Madrid und in den riesigen Studios am Paseo de la Habana, die mit Hollywoods MGM oder Paramount vergleichbar waren.

469 DOKTOR SCHIWAGO (1965)

Regisseur David Lean baute auf einem 20 000 qm großen Gelände an der Calle Silvano Moskau nach. Das Brachland wurde in nur fünf Monaten in eine Kulisse des vorrevolutionären Moskau verwandelt: mit verschneiten Straßen, einer Straßenbahn mit einer Reihe von Häusern im Hintergrund und einem nachgebauten Kreml.

470 EINIGE MADRIDER DREHORTE VON ALMODÓVAR-FILMEN

Der Dachboden im siebten Stock des Hauses in der Calle Montalbán 7, wo Pepa (Carmen Maura) in *Frauen am Rande des Nervenzusammenbruchs* wohnt (1988). Plaza de Santa Ana 15 (Villa-Rosa), wo Miguel Bosé als Transvestit in *High Heels* (1991) auftrat. Eduardo Dato 18, wo das Paar, gespielt von Javier Bardem und Francesca Neri, in *Live Flesh* (1997) lebt.

Die 5 wichtigsten HISTORISCHEN FAKTEN *über Madrid*

471 **DIE HAUPTSTADT UND DIE HABSBURGER**

Im Juni 1561 verlegte Philipp II. den Hof, um sich dem Einfluss des Erzbischofs von Toledo zu entziehen. Er entschied sich aufgrund des guten Klimas und der ausgezeichneten Jagdgründe für Madrid. Die zentrale geografische Lage und die Tatsache, dass seine Gattin Elisabeth von Valois die Stadt sehr mochte, spielten ebenfalls eine große Rolle bei seiner Entscheidung.

472 **DIE BOURBONEN UND DIE ZEIT DER AUFKLÄRUNG**

Unter Karl III., dem vierten Bourbonenkönig, entwickelte sich Madrid zu einer modernen europäischen Hauptstadt. Der König, der weithin auch als der beste »Bürgermeister« Madrids galt, sorgte für öffentliche Beleuchtung, fließendes Wasser und eine Kanalisation sowie zahlreiche herrschaftliche Gebäude und eine prachtvolle Hofhaltung.

473 DER SPANISCHE UNABHÄNGIGKEITS-KRIEG (1808–1814)

Der Vertrag von Fontainebleau von 1807 erlaubte Napoleons Truppen, in Spanien einzumarschieren, um den gemeinsamen Feind Portugal anzugreifen. Das Manöver entpuppte sich allerdings als Vorwand zur Besetzung Spaniens. Am 2. Mai 1808 revoltierte Madrid gegen die Franzosen, und obwohl der Aufstand niedergeschlagen wurde, markiert er den Beginn des Unabhängigkeitskrieges.

474 DIE SCHLACHT UM MADRID, SPANISCHER BÜRGERKRIEG (1936)

Im November 1936 besetzten die Streitkräfte Francos mehrere strategisch günstig liegende Dörfer rund um Madrid mit dem Ziel, die Stadt einzunehmen. Gewerkschaften und Parteien mobilisierten die Madrider Bevölkerung mit dem Slogan »¡No Pasarán!« (Sie dürfen nicht passieren!). Madrid verteidigte sich mithilfe der Internationalen Brigaden, die Panzer und Flugzeuge sandten.

475 DER 23-F-PUTSCH

Am 23. Februar 1981 drangen Oberst Tejero und seine Männer in das Parlamentsgebäude ein, nahmen Regierungsvertreter als Geiseln und versuchten, die gerade erst etablierte Demokratie zu beenden. Das Hotel Palace vor dem Parlament diente als operativer Hauptsitz bei der Bekämpfung des Putsches, der nach Mitternacht mit einer Fernsehansprache des Königs endete.

Die 5 interessantesten
STRASSENNAMEN

476 **CALLE DEL CODO (ELLENBOGENGASSE)**
Centro ②

Die 70 m lange Gasse, die die Plaza de la Villa mit der Calle del Conde de Miranda verbindet, hat den Namen möglicherweise, weil sie im 90-Grad-Winkel abgeknickt verläuft. Der Legende nach erleichterte sich der Schriftsteller Quevedo im 17. Jh. immer in dieser düsteren Gasse, wenn er auf dem Heimweg von einer Sauftour war.

477 **CALLE DE LA LECHUGA (SALATSTRASSE)**
Centro ②

Diese kurze Straße, durch die man von der Calle de El Salvador zur Calle Imperial gelangt, soll fast 500 Jahre alt sein. Möglicherweise rührt ihr Name von der Tatsache her, dass hier früher der Markt stattfand, auf dem Bauern aus der Umgebung des Flusses Manzanares und aus Aranjuez ihr Gemüse verkauften.

478 CALLE DE LA PASA (ROSINENSTRASSE)

Centro ②

Ein beliebtes Madrider Sprichwort lautet »El que no pasa por la Calle de la Pasa no se casa« (Wer nicht in die Rosinenstraße geht, kann nicht heiraten) – denn hier befand sich der erzbischöfliche Palast, den jeder Heiratswillige aufsuchen musste, um den dafür notwendigen Papierkram zu erledigen.

479 PESADIZO DEL PANECILLO (BROTPASSAGE)

Centro ②

Diese Gasse verbindet den bischöflichen Palast mit der Kirche San Miguel. Ihr Name geht auf den Brauch des Erzbischofs von Toledo, Luis de Borbón y Farnesio (1727–1785), zurück, der jedem Bettler Brot gab, der an das Fenster von dessen in dieser Straße befindlichen Residenz klopfte.

480 CALLE DEL DESENGAÑO (STRASSE DER ENTTÄUSCHUNG)

Centro ①

Eine der ältesten Straßen Madrids. Von 1779 bis 1800 lebte Goya hier in Hausnummer 1. Der Straßenname leitet sich von einer eher absurden Legende ab, nach der zwei Herren, die sich duellieren wollen, von einem Schatten abgelenkt werden, ihren Streit vergessen und beschließen, dem geheimnisvollen Schatten zu folgen – nur um dann mit großer Enttäuschung festzustellen, dass er sich als gut erhaltene Mumie entpuppt.

5
BLOGS
über Madrid

481 **NAKED MADRID**
www.nakedmadrid.com

Sehr schön gestalteter Blog in englischer Sprache von einer internationalen Gruppe von Madrid-Fans. Ausführliche Rezensionen zu Madrider Restaurants und Bars sowie Anregungen für Aktivitäten oder Tagesausflüge in die Umgebung. Außerdem viele praktische Tipps für alle, die neu in der Stadt sind.

482 **MADRID COOL BLOG**
www.madrid coolblog.com

Sandra, Rebeca und Angel erzählen in diesem Blog von besonderen Restaurants, Geschäften und Bars. Außerdem Tipps für Wochenendausflüge und eine praktische Karte zum Filtern der Informationen. Auf Spanisch und Englisch.

483 **MY LITTLE MADRID**
www.my-little-madrid.com

Dieser immer aktuelle Blog erzählt von den lustigen Erlebnissen der Schwestern Almudena und Marcela de la Peña in Madrid. Großartiges Beispiel für einen Blog, der sich zu einem Stadtführer entwickelt hat. Informationen über Bars, Restaurants, Geschäfte und die Kulturszene. Auf Spanisch und Englisch.

484 **OH HELLO, SPAIN**
ohhellospain.blogspot.com

Sehr persönlicher, englischsprachiger Blog der in Madrid lebenden Britin Kate Turner, in dem sie von der Stadt, aber auch von ihren Reisen durch Spanien erzählt. Neben vielen Tipps für den Madridbesuch auch tolle Einblicke in das Leben als Auswanderer.

485 **MUCHBITES**
muchbites.com

Der britische Autor und leidenschaftliche Gourmet Wesley Much wuchs in Milton Keynes auf. Nach einem Jahr Studium in Madrid frustrierte ihn die Erkenntnis, dass er bislang noch nicht die wahren Essenstempel der Stadt ausfindig gemacht hatte. Daraufhin rief er diesen Blog in englischer Sprache ins Leben, um anderen Feinschmeckern zu tollen kulinarischen Erlebnissen zu verhelfen.

5 Dinge, die Sie über die METRO wissen sollten

486 **IN 3 JAHREN GEBAUT UND 1919 EINGEWEIHT**

Der Bau der ersten Metrolinie begann am 19. September 1916. Drei Jahre später, am 17. September 1919, wurde die Linie 1 von König Alfons XIII. eingeweiht. Als das offizielle Foto der Zeremonie den König mit geschlossenen Augen zeigte, retuschierte es der Fotograf, weswegen sie nun übertrieben aufgerissen erscheinen. Die Fahrt von Sol nach Cuatro Caminos dauerte 10 Minuten.

487 **FAHRTRICHTUNG DER METRO: VON LINKS NACH RECHTS**

Die Antwort zu einer der häufigsten Fragen zur Metro: Der Grund, warum sie von links in den Bahnhof einfährt, liegt darin, dass 1919, als die Metro eingeweiht wurde, Linksverkehr herrschte. Dies änderte sich erst 1924.

488 **HEUTZUTAGE BESITZT SIE DAS SIEBTLÄNGSTE METROSCHIENEN-NETZ DER WELT**

Mit ihrem 300 km langen Netz und den 13 Linien ist sie die siebtlängste Metro der Welt und befördert jedes Jahr fast 600 Millionen Fahrgäste. Die Linie 1 hat die meisten Stationen (33) und die Linie 12 ist mit 41 Gleiskilometern die längste.

489 GOYA-STICHE

Eine der kuriosesten Metrostationen ist Goya, die reichlich mit Stichen aus der Serie *Los Caprichos* ausgestattet ist. Mit gesellschaftssatirischen Darstellungen und verschiedenen damals populären Stierkampfbewegungen eines der schönsten Werke des Künstlers.

490 FOSSILIENFUNDE BEIM BAU DER STATION CARPETANA

Im Jahr 2008 wurden bei Aushubarbeiten zur Installation neuer Aufzüge in der Metrostation Carpetana der Linie 6 15000 Fossilien aus dem mittleren Miozän gefunden. Die Station verfügt über ein kleines Museum mit Repliken einiger der 15 Millionen Jahre alten Fossilien, darunter die eines Bärenhunds, eines Mastodons und eines Nashorns.

5 Anekdoten über BERÜHMTHEITEN

491 **CHE GUEVARA**

1959 reiste der junge Ernesto Guevara zweimal nach Madrid. Er ging zu einem Stierkampf in Las Ventas, besuchte die Universidad Complutense und La Favorita, das älteste und renommierteste Hutgeschäft Madrids. Dort kaufte er eine im spanischen Tolosa hergestellte Elósegui-Mütze – *die* berühmte Mütze.

492 **ERNEST HEMINGWAY**

In den Fünfzigern besuchte der Literaturnobelpreisträger die Stadt, angelockt von den Stierkämpfen und dem guten Essen. Er verbrachte zusammen mit Ava Gardner und dem Stierkämpfer Luis Miguel Dominiguín viel Zeit in der Cervecería Alemana an der Plaza Santa Ana. Dieses deutsche Bierlokal ist über 100 Jahre alt und seit Generationen ein Treffpunkt für Stierkämpfer und ihre Fans.

493 **AVA GARDNER**

Nicht zuletzt um ihrem Geliebten, dem Stierkämpfer Luis Miguel Dominiguín nahe zu sein, lebte die schöne Hollywood-Diva von 1952 bis 1967 in Madrid. Sie genoss ihre Unabhängigkeit und stürzte sich hemmungslos ins Madrider Nachtleben. Als sie wegen ihrer Eskapaden aus dem Ritz geworfen wurde, zog sie umgehend ins Castellana Hilton, das heutige Intercontinental Hotel.

494 **FRANK SINATRA**

Um wieder mit seiner früheren Geliebten Ava Gardner anzubändeln, nahm Frank Sinatra eine Rolle in einem Film an, der im El Escorial spielt. Eines Nachts rief er sie an und sang eine Stunde lang am Klavier für sie. Doch danach war niemand mehr am anderen Ende der Leitung – stattdessen stand Ava direkt hinter ihm. Sie war den weiten Weg gefahren, um bei ihm sein zu können.

495 **ARISTOTELES ONASSIS**

Als Aristoteles Onassis und Maria Callas 1953 Madrid besuchten, nahmen sie einen Drink im Chicote Museum – wie schon so viele berühmte Schriftsteller, Schauspieler, Adelige und Promis vor ihnen. Pedro Chicote zeigte ihnen seine private Schnapsflaschensammlung und Onassis bot ihm auf der Stelle zwei Millionen Dollar dafür, doch Chicote lehnte ab.

5 ROMANE, *die in Madrid spielen*

496 **ABSCHIED VON ATOCHA**
BEN LERNER

Dieser Debütroman erzählt die Geschichte eines jungen amerikanischen Dichters, der einen Stipendienaufenthalt in Madrid antritt, weil er dort über ein Gedicht zum Spanischen Bürgerkrieg recherchieren will – die Reise gerät zum Selbstfindungstrip im Schatten der Madrider Zuganschläge von 2004.

497 **FORTUNATA UND JACINTA**
BENITO PEREZ GALDÓS

Inzwischen herrscht Einigkeit darüber, dass dieser Roman nicht nur Benito Perez Galdós Meisterstück, sondern auch das wichtigste erzählerische Werk in spanischer Sprache seit *Don Quijote* darstellt. Die Schilderung des Treibens der Madrider Mittelschicht im 19. Jh. anhand der beiden Hauptfiguren, die an der Plaza Mayor wohnen, ist unübertroffen.

498 **MUCHO TORO**
TIM PARFITT

Der herrlich überdrehte und urkomische Blick eines Engländers auf spanische Eigenheiten. Tim Parfitt kam Ende der Achtzigerjahre nach Madrid, um dort die spanische Ausgabe der *Vogue* zu betreuen. Aus den ursprünglich geplanten sechs Wochen wurden neun erlebnisreiche Jahre.

499 **WINTER IN MADRID**
C. J. SANSOM

Ein historischer Roman, der unmittelbar nach dem Spanischen Bürgerkrieg spielt. Harry Brett, ein Dünkirchen-Veteran, wird vom britischen Secret Service in das zerstörte Madrid geschickt, um sich das Vertrauen seines ehemaligen Schulfreunds Sandy Forsyth zu erschleichen, der anscheinend in krumme Geschäfte verwickelt ist.

500 **DIE »ALATRISTE«-REIHE**
ARTURO PÉREZ-REVERTE

In den neun Romanen um Hauptmann Alatriste, einen ehemaligen Söldner im Madrid des 17. Jh., entsteht ein lebendiges Bild des Goldenen Zeitalters, das mit dem Aufstieg der spanischen Habsburger einsetzte und in dem Kunst und Literatur eine Blütezeit erlebten.

 ERNEST HEMINGWAYS LIEBLINGSPLATZ

ALEMANA
6
FIAMBRES

REGISTER

IMPRESSUM

DEUTSCHE AUSGABE © 2019 BRUCKMANN VERLAG GMBH, MÜNCHEN

AUTORIN – Anna-Carin Nordin

FOTOS – Neima Pidal – www.neimapidal.com

COVERFOTO – Cuesta de Moyano, Retiro (Hidden Secret 501)

LAYOUT – Joke Gossé und Sarah Schrauwen

DEUTSCHE ÜBERSETZUNG UND SATZ – Stefanie Adam

PROJEKTLEITUNG – Claudia Hohdorf, Sarah Schindler

LEKTORAT – Sabine Tönnies

KORREKTORAT – Anke Höhne

HERSTELLUNG – Alexander Knoll

Printed in Slovenia by Florjancic

ISBN 978-3-7343-1581-7
© 2017, Luster, Antwerpen, 2. Auflage September 2018
www.the500hiddensecrets.com

Alle Angaben dieses Werkes wurden von den Autoren sorgfältig recherchiert und auf den neuesten Stand gebracht sowie vom Verlag geprüft. Für die Richtigkeit der Angaben kann jedoch keine Haftung übernommen werden. Sollte dieses Werk Links auf Webseiten Dritter enthalten, so machen wir uns die Inhalte nicht zu eigen und übernehmen für die Inhalte keine Haftung.

Sind Sie mit diesem Titel zufrieden? Dann würden wir uns über Ihre Weiterempfehlung freuen. Erzählen Sie es im Freundeskreis, berichten Sie Ihrem Buchhändler oder bewerten Sie bei Onlinekauf. Und wenn Sie Kritik, Korrekturen, Aktualisierungen haben, freuen wir uns über Ihre Nachricht an: Bruckmann Verlag, Postfach 40 02 09, D-80702 München, oder per E-Mail an: lektorat@verlagshaus.de.

Unser komplettes Buchprogramm finden Sie unter 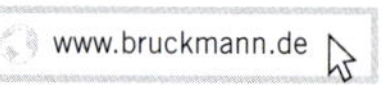

Die Deutsche Nationalbibliothek verzeichnet diese Publikation in der Deutschen Nationalbibliografie; detaillierte bibliografische Daten sind im Internet über http://dnb.d-nb.de abrufbar.